谁决定荣衰
产业结构演进与经济增长

WHAT DETERMINES PROSPERITY AND RECESSION?
TRANSFORMATION OF INDUSTRIAL STRUCTURE AND
ECONOMIC GROWTH

赵儒煜◎著

WHAT DETERMINES
PROSPERITY
AND RECESSION?

经济管理出版社
ECONOMY & MANAGEMENT PUBLISHING HOUSE

图书在版编目（CIP）数据

谁决定荣衰——产业结构演进与经济增长/赵儒煜著 . —北京：经济管理出版社，2017.11
ISBN 978 - 7 - 5096 - 5318 - 0

Ⅰ. ①谁⋯　Ⅱ. ①赵⋯　Ⅲ. ①产业结构—关系—经济增长—研究　Ⅳ. ①F264②F061.2

中国版本图书馆 CIP 数据核字（2017）第 209260 号

组稿编辑：申桂萍
责任编辑：申桂萍　赵亚荣
责任印制：司东翔
责任校对：王淑卿

出版发行：经济管理出版社
　　　　　（北京市海淀区北蜂窝 8 号中雅大厦 A 座 11 层　100038）
网　　　址：www. E - mp. com. cn
电　　　话：（010）51915602
印　　　刷：北京晨旭印刷厂
经　　　销：新华书店
开　　　本：720mm × 1000mm/16
印　　　张：9.5
字　　　数：124 千字
版　　　次：2017 年 11 月第 1 版　　2017 年 11 月第 1 次印刷
书　　　号：ISBN 978 - 7 - 5096 - 5318 - 0
定　　　价：49.00 元

前　言

　　科学的产生和发展是人类认识方式的进步过程。简单的归纳法为人类总结了世间万物的早期原理。但随着人们视野的扩大、观察能力的提高、思考方式的进步，新的现象层出不穷，不难发现原来的理论根本无法解释所有的事实。理论越来越苍白无力，使得逻辑实证主义不得不退让到将科学理论视为大概率事件。但是，只能解释大概率事件的理论算不得科学。只要存在解释范围之外的东西，就足以证明原来的归纳法的局限性。换言之，当你发现世上存在"白乌鸦"的时候，就应该从科学的意义上认识到，"天下乌鸦一般黑"的总结是错误的。

　　当然，科学不是神学。神学是永远正确而无法证伪的；而科学不过是前人通过归纳法、逻辑实证主义总结出来的一个假说，是永远不能触及事物终极本质故可以不断证伪的。每一个科学的范式只是在某一层次上、某一角度上归纳了同类事物的特征，增加新的层次、新的角度、新的案例就需要从一个更深的、更接近事物本质的层面上去归纳总结。于是，科学通过新的范式取代旧的范式来逐步发展；而反过来，能够实现这个取代过程的范式才是科学。以宇宙学说为例，从地心说，到日心说、太阳系、银河系、宇宙……就像盲人摸象，每一个宇宙中的新发现，都会让我们对宇宙这头大象的全貌有一星半点的补充认识，但远远不是全部。宇宙学说在不断地证伪，所以它是科学。如果我们止步于上帝安排的地心说，那就是彻头彻尾的神学了。因此，当你看到了"白乌鸦",就应该意识到"天下乌鸦一般黑"原理的肤浅,乌鸦的规律性总结不应该是黑色,也不应该是颜色了。

毋庸置疑,科学的进步在于自身的证伪,在于理论范式的自我否定。经济学自诞生以来,以科学自处。但其中太多的理论,自问世之初就并存了自我解释范围之外的对立物,例如市场机制中默许了"吉芬商品"、赫克歇尔—俄林理论与里昂惕夫之谜并存……随着时代的发展,经济现象中的"白乌鸦"还会不断出现。经济学要成为科学,就需要不断地证伪。这不仅需要经济学人的深入思考,更需要经济学人的理论勇气。

本书探讨的产业结构理论,是对以克拉克法则为代表的传统产业结构理论的证伪尝试。这一理论范式提出较早,证者不少,可谓群星闪耀。几个诺贝尔奖得主的研究都证实过它的存在。但是,库兹涅茨也好,钱纳里也罢,甚至跨界的贝尔等人,着眼的时间段都是19世纪60年代之后、20世纪70年代之前,历史局限性蒙蔽了他们的智慧。而在现实中,从第一次工业革命到21世纪的今天,不仅产业结构的演变远非一次性的过程,而且服务业比重上升虽是经济增长过程中的必然组成部分,但既非终极方向,也非经济发达的标志,而恰恰是经济衰退的伴生品……这些背离克拉克法则理论判断的"白乌鸦"现象,有的在不同国家有不同表现,或此或彼;有的则具有全球性特征,普遍存在。面对这样一群"白乌鸦",有科学素养和真理良知的经济学人都会意识到,传统理论对产业结构与经济增长关系的解释有着严重的缺陷。

残酷的现实拷问着经济学人的学术良心——到底是要经济活动来适应理论,还是要理论来接近现实?到底是要实现经济的繁荣,还是甘于衰退而仅因为这种衰退是服务业比重高的伙伴?经济学到底是要追求资源合理配置下的效益最大化,还是遵循既有所谓规律而放弃争取繁荣的努力?

基于上述认识,笔者自1992年攻读经济学博士时起,即意识到克拉克法则的局限性,并开始了探索历程。1994年留学日本之际,"泡沫经济"崩溃后的日本经济萧条为理论研究提供了眼前鲜活的"白乌鸦"。1996 年 12 月，笔者提出了以《产业结构理论与实践》为题的博士学位论文，1999 年出版的《后工业社会反论》，对新的产业结构理论范式进行了初步的总结。此后，研究不断深入。2008 年，笔者作为教育部高级访问学者赴哈佛大学访学期间，进一步总结了美国和中国的产业结构与经济增长关系，并在回国前的演讲中再次以数量分析证实了克拉克法则的错误，强调了工业部门的主导性和服务部门片面发展的危害性。此后，笔者通过进一步的理论反思，对克拉克法则理论前提中的谬误之处进行了更加深入的批判。这些理论证伪的进展，构成了本书的主要创新部分。

　　回顾世界经济历程，服务部门脱离工业部门的支撑而暴走，带来长期萧条的案例比比皆是。仅 20 世纪 90 年代以来，就有日本"泡沫经济"崩溃、东亚金融危机、美国次贷危机等惨痛而影响深远的案例，屡次证伪着克拉克法则。而与此同时，仍然有一些国家迷信传统经济理论，奉行克拉克法则，醉心于服务部门比重的提升。这些错误的理论思维，对一国经济发展确有严重的战略误导之弊。为此，我们期待本书能给当政者一些启示和思考，也欢迎大方之家共同探讨。以证伪深化理论，以探索呼唤证伪，就是本书的目的所在。

目　录

第一章 产业结构规律的探索者

产业结构理论自其起源的 17 世纪中期至今，已有 300 余年历史。其基本理论范式在克拉克法则提出后略无大异，不同之处唯后来者更加倡导"后工业化"而已。这使得克拉克法则更披上了"铁律"的外衣。

第一节 克拉克法则的理论滥觞

产业结构理论虽然在 20 世纪中叶才有长足的进步，但追溯其源，已有相当长的历史，并不断扩展深化。在这一章里，我们以威廉·配第（William Petty）的思想观点为起点，对西方产业结构理论的形成、发展、演变历史做一简要回顾，以阐述其基本线索和基本思想。

一、威廉·配第的推断

关于产业结构最朴素的推断是由威廉·配第在其著作《政治算术》中提出的。① 配第不仅是最早论及产业结构问题的经济学家，而且是英国古典经济学的创始人。马克思指出，配第把关于物质财富的

---

① 威廉·配第. 政治算术 [M]. 陈冬野译. 北京：商务印书馆，1978：19-20.

源泉的看法，"引导到政治算术——政治经济学作为一门独立科学分离出来的最初形式"①。同时，他因在《政治算术》中首次运用了数字分析，而被誉为统计学和计量经济学的创始人。

《政治算术》并非专门论述产业结构问题的著作，它所要回答的是英国能否"经营整个商业世界"的问题。因而，其展开方式是对英国、法国、荷兰之间的国力的比较研究。配第在论述中特别强调产业、资本、收入的重要性。其关于产业结构的推断，是在该书第一章探索法国、荷兰之间实力差异的原因时，在论证"荷兰在工业和商业上的利益"时提出的。

配第认为，"工业的收益比农业多得多，而商业的收益又比工业多得多……在这里我们注意到，随着工商业及巧妙的技术发展，农业要么后退，要么必须提高农民的工资，结果导致土地的地租必然下降这一事实"。

配第这一思想的提出是有其历史根源的。从经济史角度而言，当时正是工业化前期，商业正在以地理大发现为契机，为工业的发动创造市场的前提。因而，现实中商业处于其鼎盛时期，而荷兰作为"海上马车夫"也确实通过海上贸易在欧洲确立起了经济上的绝对优势。配第为这种现象所迷惑，以致颠倒了物质生产部门，特别是工业部门与商业之间的决定与被决定、主导与被主导的内在关系，其观点带有明显的重商主义色彩。但是，应该看到，这种思想在配第自身也不过为其经济思想演变的一个阶段，在其后来的著作《货币略论》中，这种重商主义思想已荡然无存。对此，恩格斯指出，配第在"他的其他著作中所包含的重商主义见解的最后痕迹，在这里完全消失了"②。

二、亚当·斯密的古典理论

继配第之后，论及产业结构问题的应属亚当·斯密（Adam

---

① 马克思. 政治经济学批判 [G] //马克思恩格斯全集（第18卷）. 北京：人民出版社，1976：43.
② 马克思，恩格斯. 马克思恩格斯全集（第20卷）[M]. 北京：人民出版社，1976：255.

Smith)。斯密所处的时代恰为英国工业革命的前夕，重商主义阻碍工业进步的局限性和商业所带来繁荣的虚假性已暴露出来。但此时的工业部门尚不发达，还待农业的支撑。因而，斯密的产业结构思想，带有浓厚的重农主义倾向。

斯密在其《国富论》中并未明确提出产业结构（Industrial Structure）的概念。然而，他较为详细地论述了关于产业部门（Branch of Industry）、产业发展及资本投入的顺序问题。①

在《国富论》第二篇，通过论述"资本的各种用途"，斯密触及了产业结构划分问题。所谓资本的用途，亦称"产业特定部门"（Particular Branch of Industry），包括：①粗生产物的获取，即农业；②其制造和加工，即工业；③粗生产物和制成品的输送，即批发商业，进一步可分为国内商业、国外商业、运输中转业；④它们的细分部分，即零售商业。

关于资本的投入顺序，斯密认为，农业最先，零售商业最后。因为"在农业里，自然也和人类一起劳动"，产品中除利润外还包括地租。但国内产品剩余在输出后市场的扩大和通过进口补足国内需要的活动，使分工和市场机制得到发展，而且"对于像英吉利王国这样的国防与安全依赖于水手与船舶数量的国家"，中间贸易业殊为有利。甚至可以说，与"世界各国剩余产品价值"成比例的中间贸易业的前景"在某种意义上，是无限的"。因而，斯密从"国防优先于富裕"出发，承认对海运业的"奖励"和对工业特定部分的"保护"为自由主义的例外。

在第三篇，斯密论述道，"所谓文明社会的大规模商业，便是在城市居民与乡村居民之间完成的、直接或通过货币以及纸币为媒介的粗制品与制成品的交换"，而且，"生活在事物其本质上优先于方便与奢侈，故对于为获得前者而存在的产业无论如何也必须使之先行于为后

---

① Adam Smith. An Inquiry into the Nature and Causes of the Wealth of Nation ［M］. Oxford: Clarendon Press，1976.

者服务的产业"。"因此，供给生活资料的乡村的耕作与改良，无论如何必须先行于只不过供给方便与奢侈的手段的城市的发展……这种事物的顺序，是普遍需要的命令"。"按照事物的自然过程（Natural Course of Things），所有发达社会的资本的大部分都是首先面向农业，然后转向制造业，而最后转向海外贸易。事物的这种顺序是极为自然的"。

由此可见，亚当·斯密的所谓产业（Industry），简言之，就是农业、工业、商业、贸易业（包括交通业）。其所谓产业结构的自然类型，也就是在国民总资本量一定的情况下，投资比重应该按农工商贸顺序降幂排列的模型。斯密甚至断言，在国民总资本不足的情况下，最后位的贸易有必要委于外国资本。在欧洲，包括英国在内的各国产业结构现实，基本上都是属于"非自然的、逆行的顺序"。这是近代欧洲作为"贸易的子孙"的工业优先于作为"农业的子孙"的工业而发展的结果。其中，长子继承法及各种永久所有权对大土地所有权分割的阻碍、商人的支配以及由此带来的政府"重商主义"政策的影响不容否定。而且，"战争与政治所带来的通常的革命，会使只由商业生产出来的财富的源泉轻而易举地枯竭，而农业的更加坚实的改良所生产出来的财富则是更为永存的"。从中不难看出，"重农主义"对亚当·斯密的经济思想影响很深，但与配第早期的"重商主义"思想相比，在对产业结构演变的认识上已是前进了一大步。

三、费歇尔的三次产业论

18 世纪中叶之后，工业社会在第一次、第二次工业革命的推进下有了突飞猛进的发展。而随着工业部门的发展，服务部门也有了较大扩展。在 20 世纪 30 年代大危机时期，工业部门的衰退，从统计上体现出服务部门在经济中的明显优势，于是，令人们回忆起 17 世纪中期配第的朴素思想。

新西兰经济学家费歇尔（A. G. Fisher）在 1933 年和 1939 年出版了《知识业的资本及其成长》、《第一次产业、第二次产业和第三次产业》等著作，以统计数字为依据，再次提起配第的论断，并首次提出了关于三次产业的划分方法。[①]

按照费歇尔的划分方法，第一次产业包括农业、林业、渔业、狩猎；第二次产业包括矿业、制造业、建筑业、交通运输通信业、电力煤气等公共事业；第三次产业包括商业、金融、饮食等公共服务及科学、教育、文化、卫生、政府等公共行政事务。他的这种划分的基础，是某一部门的消费需求。假设最大限度的消费需求为1，则消费需求不足0.5的为第一次产业，在0.5和1之间的为第二次产业，达到1的为第三次产业。

费歇尔理论的最大贡献在于，首次提出了关于产业结构三次产业的划分模式，使产业结构理论在此开始初具雏形。

四、弗劳伦斯的产业发展论

几乎与费歇尔同时，弗劳伦斯（P. S. Florence）从经济结构出发对产业发展进行了分析。[②] 他认为，经济发展（产业发展）有如下五个特征：①劳动人口由农业部门向制造业和服务业的移动；②产业资本在集约度提高的同时，在量上也有增长；③各产业部门专业人员的增多；④市场与供给资源的扩大；⑤制造业的多样化。

这个发展的过程，同时也是产业结构高度化的过程，产业组织扩大、集中的过程。其主要表现有：①工厂规模的扩大；②人均马力数（Horse Power Per Worker）的增大；③地域集中化的程度（Degree of Localization）提高。随着经济的发展，产业的机械化、运输的机械化以及信息传递的高速化等特征日益显著。这种倾向在许多产业中，会伴生有企业规模的扩大、产业集中度的加强与产业的地域集中化、城市化（Urbanization）。

---

① A. G. Fisher. Capital and the Growth of Knowledge [J]. Economic Journal, 1933 (9); A. G. Fisher. Production, Primary, Secondary, and Tertiary [J]. Economic Record, 1939 (6).

② P. S. Florence. The Logic of British and American Industry: A Realistic Analysis of Economic Structure and Government [M]. London: Routedge & Keganpaul Ltd., 1935.

可见，克拉克提出的劳动人口在产业部门间的转移，已经由弗劳伦斯发现并做出了初步的总结，只是弗劳伦斯的研究没有得到学术界的足够重视和响应。

第二节　克拉克法则的初成

产业结构理论范式形成于 20 世纪 40 年代，但其大行于天下则是在 20 世纪 60 年代以后。特别是，经过库兹涅茨、钱纳里等人的经验性证实，似乎克拉克法则已经变成了金科玉律。

一、克拉克法则

继费歇尔之后的是 C. 克拉克（Colin Clark），他继承了配第、费歇尔等人的观点，并进一步将其体系化，从而建立起了一个完整、系统的产业结构理论框架，即所谓克拉克法则。1940 年，克拉克在《经济进步的条件》（*The Conditions of Economic Progress*）一书的第九章"劳动在产业间的分布"中，探讨了经济发展最重要的共生现象：劳动人口从农业向制造业，进而从制造业向商业及服务业的移动。①

克拉克理论有三个前提：其一，以若干经济在时间推移中的变化为依据。这种时间序列意味着经济发展，而经济发展在此是指不断提高的国民收入。其二，首次使用劳动力指标，来考察劳动力在经济发展中的各产业分布的变化。其三，依据费歇尔首倡的三次产业分类法，将全部产业分为：第一次产业，包括农业、畜牧业、渔业、林业及狩猎业；第二次产业，包括矿业、制造业、建筑业、公共事业及电力部门；第三次产业，包括商业、运输业、行政、家庭服务及非物质性生

---

① C. Clark. The Conditions of Economic Progress（3rd Edition）［M］. London：Macmillan；New York：St. Martin's Press，1957.

产的其他产业。从而，克拉克发现了经济发展与产业结构演变之间存在着一定的规律性联系。

首先，国际比较结果表明，虽有例外情况，但普遍看来，人均国民收入越高的国家，第一次产业的就业人口比率就越低；反之，人均国民收入越低的国家，这一比率就越高。人均国民收入越高的国家，服务产业的就业人口比率就越高，反之则越低。

其次，如果循着一个经济的历史发展轨迹来看，几乎无一例外地，第一次产业的就业人口比率趋于减少，服务产业的就业人口比率不断增加。第二次产业则保持原状或有微量增长。

同样，如果利用收入构成比来考察产业结构，也会得到相同的结论。从国际间比较来看，人均国民收入水平越高的国家，其第一次产业的收入比重就越低，第二次、第三次产业的收入比重就越高。如按时间顺序来考察，结论也几乎完全一致。只是，在就业人口比重的分析中，第二次产业比重的增长率较低，而在收入构成比重的分析中，该增长率则有明显的增长倾向；第三次产业的收入构成比重的增长倾向则相对较低。其原因在于，第二次产业即制造业，是劳动生产率提高十分显著的产业，劳动力不太密集，通过机械来提高劳动生产率的特征较为突出。因此，以收入为尺度来考察第二次产业，以就业人口为尺度来考察第三次产业，应更恰当。

在第四章"劳动力在产业间的分布"中，克拉克使用长期数据对多个国家进行了经济增长过程的追踪。其中，较长的数据段为美国（1820～1950年）、澳大利亚（1871～1947年）、丹麦（1834～1952年）、法国（1827～1951年）、德国（1882～1950年）、大不列颠（1841～1951年）、印度（1881～1951年）、爱尔兰（1841～1946年）、意大利（1871～1951年）、日本（1872～1950年）、新西兰（1861～1945年）、挪威（1875～1950年）、瑞典（1840～1950年）、瑞士（1880～1941年）等。

通过对上述历史阶段的考察，克拉克提出了著名的产业结构理论。即无论考察的尺度是就业人口还是收入，在通常情况下，收入和就业人口的分配比重都将从第一次产业向第二次产业，进而当国民收入水平进一步提高时向第三次产业转移。克拉克认为，他的发现不过是验证了配第的观点，因此也称"配第—克拉克法则"。

二、库兹涅茨的理论证实

西蒙·库兹涅茨（Simon Kuznets）继承了克拉克的成果，并将其进一步精密化。他分析了国民收入在三个产业分布状态的变化趋势，探讨了产业结构演变的原因。其主要成果记述于《现代经济增长》（*Modern Economic Growth*：*Rate*，*Structure and Spread*）等著述中。[①]

第一，在理论前提下，库兹涅茨把克拉克单纯的"时间序列"转变为直接的"经济增长"概念，即在不存在人均产品的明显减少的情况下产生的人口的持续增加，同时人口与人均产品二者的增加缺一不可。而所谓持续增加，是指不会因短期的变动而消失的大幅度提高。

第二，在产业结构划分上，库兹涅茨把第一、第二、第三次产业分别称为农业部门、工业部门和服务部门（本研究也沿用了这些名称），具体包括：A部门（农业部门）——农业、林业、渔业；I部门（工业部门）——矿业、制造业、建筑业、电力、运输、邮电通信等行业；S部门（服务部门）——商业，金融业，不动产业，个人、企业、家庭服务及专业性服务和政府服务。从时间序列来看，可以得出如下结论：

（1）农业部门实现的国民收入，随着年代的延续，在整个国民收入中的比重（国民收入的相对比重）同农业劳动在全部劳动中的比重（劳动力的相对比重）一样，处于不断下降之中。

（2）工业部门的国民收入的相对比重，大体来看是上升的。然而，工业部门劳动力的相对比重，在各国是大体不变或有上升。

（3）服务部门的劳动力相对比重差不多在所有的国家里都是上升

---

① Simon Kuznets. Modern Economic Growth：Rate，Structure and Spread［M］. Yale University Press，1966.

的。但是，服务部门国民收入的相对比重，却未必和劳动力相对比重的上升同步，综合起来看，是大体不变，略有上升。

横断面分析与时间序列分析比较起来，稍有区别。比如，工业部门劳动力的相对比重在时间序列分析中是大体不变或有上升，而在横断面分析中则是上升。

第三，库兹涅茨使用了产业的相对国民收入这一概念来进一步分析产业结构。其是指该产业的国民收入的相对比重与其劳动力的相对比重之比，亦称比较劳动生产率。由此得出如下结论：

（1）农业部门的相对国民收入在大多数国家都低于1，而工业部门、服务部门则相反。由此，大多数国家农业劳动力减少的趋势仍未停止，成为普遍现象。

（2）工业部门的劳动力相对比重，由于不同国家工业化的水平之异而不同，总而言之是微增或不变。但国民收入相对比重则独有工业部门是普遍上升的。

（3）服务部门的相对国民收入通常有下降趋势，但劳动力的相对比重是上升的。通常，无论从劳动力还是从国民收入的相对比重来看，其所占比重都在一半以上。

库兹涅茨的数据分析序列与克拉克的有所不同，他选择了主要国家长期数据中的分段数据始期终期比较的方法。具体而言，主要数据系列跨年时段如下。

联合王国：①英格兰与威尔士，NI，1688 ~ 1770 年；②大不列颠，NI，1801 ~ 1841 年；③大不列颠，NI，1841 ~ 1901 年；④大不列颠，NI，1907 ~ 1924 年；⑤联合王国，GNP，1924 ~ 1955 年。

法国：⑥ NI，1789/1815 ~ 1825/1835 年；⑦ NI，1825/1835 ~ 1872/1882 年；⑧ NI，1872/1882 ~ 1908/1910 年；⑨ GDP，1954 ~ 1962 年。

德国：⑩1913 帝国，NI，1860/1869 ~ 1905/1914 年；⑪联邦共和国，GDP，1936 ~ 1959 年。

荷兰：⑫NI，1913 ~ 1938 年；⑬GDP，1950 ~ 1962 年。

丹麦：国内净产值，⑭当年价格，1870/1874 ~ 1905/1909 年；⑮当年价格，1905/1909 ~ 1948/1952 年；⑯1929 年价格，1870/1874 ~ 1905/1909 年；⑰1929 年价格，1905/1909 ~ 1948/1952 年。

挪威：⑱GDP，1865 ~ 1910 年；⑲GDP，1910 ~ 1956 年。

瑞典：⑳GDP，1861/1865 ~ 1901/1905 年；㉑GDP，1901/1905 ~ 1949/1953 年。

意大利：㉒NI，1861/1865 ~ 1896/1900 年；㉓NI，1896/1900 ~ 1951/1955 年。

美国：商品生产，1839 ~ 1879，㉔当年价格；㉕1879 年价格。

NI 及交易总额，㉖当年价格，1869/1879 ~ 1919/1928 年；㉗当年价格，1919/1928 ~ 1939/1948 年；㉘1929 年价格，1869/1878 ~ 1939/1948 年；㉙当年价格，1929 ~ 1961/1963 年。

加拿大：㉚GNP，1870 ~ 1920 年；㉛GDP，1926/1928 ~ 1961/1963 年；㉜GDP，1949 年价格，1926/1928 ~ 1953/1955 年。

澳大利亚：GDP，1861/1865 ~ 1934/1935 ~ 1938/1939 年，㉝当年价格；㉞1910/1911 年价格。

日本：㉟国内净产值，1878/1882 ~ 1923/1927 年；㊱国内净产值，1950 ~ 1962 年。

苏联：㊲国内净产值，1937 年要素价格，1928 ~ 1958 年。①

总之，库兹涅茨的理论，重新整理了产业结构理论的基本框架，使之更加精密化；同时，也充实了产业结构理论的研究方法，使这一理论更加趋于完善。

三、钱纳里的理论证实

钱纳里（Hollis B. Chenery）（1986）的分析也证实，经济发达程

---

① Simon Kuznets. Modern Economic Growth：Rate，Structure and Spread ［M］. Yale University Press，1966：88 – 94.

度与产业结构服务化之间有着必然的联系。① 综观钱纳里的理论，在关于产业结构演进规律上，他的主要贡献有如下几个方面：

第一，关于产业结构的研究框架，钱纳里的研究进一步丰富了已有的理论，并用"经济结构"的概念替代了"产业结构"。他认为，"经济结构可以定义为不同部门中劳动、资本和自然资源等生产要素的供给和使用"。而所谓的结构演变，就是"指经济结构各个方面发生的变化，这种变化可以导致国民产出的增加，同时，它又是由国民产出增加以及其他一些相关因素的作用引起的"②。

第二，关于经济结构的度量指标，钱纳里已经从克拉克的劳动力指标转向了"国民经济每个部门的产出在国民生产总值中所占的份额"③。

第三，关于基本结论，钱纳里关注到了"二战"后 20 世纪 50 ~ 70 年代第三次产业革命期间样本国家工业部门快速增长的事实，在认同克拉克和库兹涅茨研究的基础上，强调了"结构转变最值得注意的特征，是国民生产总值中制造业所占份额的上升，以及农业所占份额的相应下降"。但同时他也继承了克拉克的基本观点，"工业就业的增加远远低于农业就业的减少，因此，劳动转移主要发生在农业和服务业之间"④。

第四，在具体的产业分类上，钱纳里将产业部门分为四个部门。其中，可交易部门包括初级产品、制造业（下分轻工业、重工业）两个部门；非交易部门包括社会基础设施、服务业两个部门。如果将其初级产品对应于第一次产业，制造业对应于第二次产业，则剩下的为

---

① Hollis B. Chenery, Sherman Robinson, Moshe Syrquin. Industrialization and Growth: A Comparative Study [M]. Oxford University Press, 1986: 84 - 118.

② Hollis B. Chenery, Sherman Robinson, Moshe Syrquin. 工业化和经济增长的比较研究 [M]. 吴奇等译. 上海：上海三联书店，1995: 57.

③ Hollis B. Chenery, Sherman Robinson, Moshe Syrquin. 工业化和经济增长的比较研究 [M]. 吴奇等译. 上海：上海三联书店，1995: 58.

④ Hollis B. Chenery, Sherman Robinson, Moshe Syrquin. 工业化和经济增长的比较研究 [M]. 吴奇等译. 上海：上海三联书店，1995: 59, 90.

第三次产业。钱纳里的这个分类方法大体上相当于狭义工业部门分类基础上的产业划分。①

第五，在数据采集上，钱纳里采取多国对比分析的方法（这也是该书的一个出发点和特色），选取了如下九个国家和地区的分段数据，以此考察这些国家在期初和期终的时间段里的相关指标变化。具体的国家及时间段如下：

哥伦比亚，1953～1970年；墨西哥，1950～1975年；土耳其，1953～1973年；南斯拉夫，1962～1972年；日本，1955～1970年；韩国，1955～1973年；中国台湾，1956～1971年；以色列，1958～1972年；挪威，1953～1969年。②

总之，钱纳里关于产业结构的研究已经更进了一步，但仍然没有跳出克拉克法则的窠臼。一方面，他将分析的视角转向产值占比；但另一方面，他也继承了克拉克法则的衣钵。虽然他发现了他所分析的时期工业部门在 GDP 中的比重提高已是显著现象，但他同时又被发达国家基本上是以服务业为主的现象所惑，变成了克拉克法则的诠释者。

第三节　克拉克法则的延伸

20 世纪 70 年代以"滞胀"为特征的大危机之后，产业结构出现的新变化似乎为克拉克、库兹涅茨等人关于产业结构的论断提供了现实的证明。对此，西方经济学家毫不怀疑地将克拉克法则推延至 70 年代之后，并提出了后工业化理论。在此，"后工业社会"是"Post Industrial Society"的译文，其中"Post"是与"Pre"（前）相对应的，

① Hollis B. Chenery, Sherman Robinson, Moshe Syrquin. 工业化和经济增长的比较研究 [M]. 吴奇等译. 上海：上海三联书店，1995：59，64.

② Hollis B. Chenery, Sherman Robinson, Moshe Syrquin. 工业化和经济增长的比较研究 [M]. 吴奇等译. 上海：上海三联书店，1995：59，80－120.

日本经济学界多译为"脱"，辄生异义。但无论"脱"也罢，"后"也罢，其最基本的思想是工业部门在经济中的比重不断下降而服务部门则不断上升，说明经济社会已经超越了工业社会，工业社会已经结束。

一、马克卢普的知识产业论

自20世纪60年代以来，美国等发达资本主义国家第二次产业的比重开始下降。马克卢普（F. Machlup）最早意识到或断定，这是工业化时代向下一时代转换的开始，遂于1962年将"知识"（Knowledge）的生产、流通等有关活动提取出来加以论述。[①]

马克卢普认为，应从经济角度对知识生产进行分析，因为：①国家预算中知识生产的比重不断增加；②投向知识的国民支出的相当大一部分由政府负担；③知识生产的社会利益大大超过了获得知识的个人所获利益；④某些知识生产由于得不到适当的劳动力供给而受到制约；⑤某些知识的生产费用由其利用者之外的人负担，且这种知识因无市场价格而不得不带有福利的色彩，带来了统计上的困难；⑥某些知识亦即技术的生产正在不断改变着许多财货和服务的生产条件；⑦新的技术性知识的出现，带来了对体力劳动者的需求减少、对脑力劳动者的需求增加的趋势；⑧在美国的雇佣人员总数中，知识生产的劳动力比例不断增加；⑨有足够的证据令人怀疑某些部门的知识生产莫非全无效率；⑩随着知识生产的发展，不难发现"帕金森法则"的一些事例；⑪知识劳动者相对于体力劳动者的比例的增大和劳动生产率的提高，与经济的发展有着紧密的联系。

马克卢普将知识分为五类：①实用知识（专业知识、实务知识、操作知识、政治知识、家务知识等）；②教养性知识；③娱乐性知识；④宗教性知识；⑤多余的知识。知识产业也分为五类：①教育；②研究开发；③交流媒介；④信息机械；⑤信息服务。进而，知识从用途

---

① F. Machlup. The Production and Distribution of Knowledge in the United States ［M］. Princeton, N. Y. : Princeton University Press, 1962.

上分为作为中间产品的知识和作为最终产品的知识，前者从生产活动的费用来把握，后者则再分为投资和消费。

马克卢普较早地从经济学的角度分析了知识产业，尽管其定义和统计的方法都值得推敲，但影响还是比较大的。

二、贝尔的后工业社会论

社会学家丹尼尔·贝尔（Daniel Bell）在其著作《后工业社会的来临》（*The Coming of Post - Industrial Society*）中提出，经济社会正在进入一个新的时代，这就是"后工业社会"。[①] 他认为，社会发展有两个层面：所有制和科学技术。沿着所有制的轨道，有封建社会、资本主义社会、社会主义社会这一传统的发展模式；而沿着技术或知识的轨道，则有前工业社会、工业社会、后工业社会。

贝尔将后工业社会的成因归纳为以下五个方面：①经济部门：从物质生产经济向服务经济的过渡。②职业分布：专业职务、技术职务地位的提高。③中心原理：理论知识作为技术革新和政策决策的核心而构成社会的中心。④未来的方向：技术管理和技术评价。⑤决策：新的"知识性技术"的创造。贝尔强调技术性知识的核心性。围绕这个核心，新的技术、经济的繁荣、社会的组织得以形成。这个核心的原理就是，先进的工业社会越来越趋向于占据支配地位。

贝尔认为，后工业社会最早、最简单的特征是，大部分的劳动力不是在从事农业、制造业，而是在从事服务业。他把服务业分为：①对个人的服务（零售店、洗衣店、汽车修理、美容院等）；②实务（银行和信用、不动产、保险）；③运输、通信、公益事业；④保健、教育、研究、政府。其中，第四部门的发展对后工业社会的到来发挥了决定性的作用，这表现为大学、研究机构、专业职务、政府等部门的地位的提高。从职业构成来看，1956 年美国的白领工人人数在工业文明史上首次超过了蓝领工人，而大学教育所要求的专业性、技术性

---

① D. Bell. The Coming of Post – Industrial Society ［M］. New York: Basic Books, 1973.

职务则是以超过平均两倍的速度增加，其中构成后工业社会的核心的科学家和技术人员的增长速度则为平均的三倍。

贝尔的前工业社会、工业社会、后工业社会这三个社会之间有着相当大的差异，如表1-1所示。由于各个社会的基本核心不同，社会构成原理、经济部门配置、职业分布也因此而迥异。如工业社会的核心是资本问题，即如何使创造足够的储蓄的过程制度化以及如何使这些资金投向投资领域的问题。社会关系在于企业内部，社会问题主要是劳资争议。但当投资过程稳定后，阶级斗争在一定程度上得到抑制，结果是国家不会只因阶级矛盾而一分为二，各种社会问题也不会因尚未解决而引致骚动。

表1-1 贝尔的社会发展图式

分类	前工业社会	工业社会	后工业社会
地区	亚洲、非洲、拉丁美洲	西欧、苏联、日本	美国
经济部门	第一次产业 采集：农业、矿业、渔业、林业	第二次产业 物质生产：制造业、加工业	第三次产业 运输、公益事业 第四次产业 贸易、金融、保险、不动产 第五次产业 保健、教育、研究、政府、娱乐
职业倾向	农民、矿工、渔民、不熟练工人	半熟练工人、技术人员	专业技术人员、科学家
技术	原材料	能源	信息
构成原理	对自然的运筹	对人造自然的运筹	人与人之间的运筹
方法	常识、体验	经验主义、实验	抽象的理论：模型、模拟实验、决策理论、系统分析
时间展望	过去志向、特殊性对策	特殊性适应、计划	未来志向、预测
基本原理	传统主义：土地、资源的限制	经济增长：国家或个人对投资的管理	理论知识的核心性及其形成的文化

资料来源：赵儒煜. 后工业社会反论 [M]. 长春：吉林人民出版社，1999：14.

相应地，后工业社会的主要问题是科学的组织化，进行研究的主要机构是大学和研究所。在 19 世纪及 20 世纪初，所谓国力就是工业能力，其主要指标是钢铁的生产。第二次世界大战之后，一国的科学技术能力成为其潜在和现实力量的决定要素。研究开发（R&D）取代了钢铁成为比较国家强弱的尺度。因此，国家对科学的支持的性质和类型、科学的政治化、科学家集团研究的组织化、社会问题等，都是后工业社会的主要政策课题。

从政治上而言，后工业社会的问题在于，非市场的福利经济的发展与决定公共财物分配的适当机制的缺乏。无论从技术上看，还是从概念上看，这种财货的价值都无法以市场的单位测定。而且，由于这种财货是分配给全体市民的，市民支持这种支出的心情并不强烈。最重要的是，这种财货依靠政治性决策的非市场特性，往往成为纷争之源。政治意识的高涨，加强了人们对平等和参与的要求。但是，社会对精通现代知识的专家的需求也在增多。而只要这种以知识技术为基础的决策是在技术专家体制（Technostructure）之下进行的，就需要有比以往更强有力的计划和秩序。这样，支撑后工业社会的根本的、必不可少的道德与在这个新社会里寻求自我实现的各种愿望之间必然产生激烈的冲突。这个新社会内部的文化矛盾，就构成这个社会最为深刻的、决定存亡的问题。

第四节 产业结构理论的旁支

在上述一脉相承的西方各经济学家的产业结构理论之外，还应提到作为这一理论旁支的两位经济学家的理论观点。

一、熊彼特的革新理论

熊彼特（J. A. Schumpter）在其 1912 年出版的《经济发展的理论》

一书中认为，资本主义的经济过程是被动适应的循环与能动的革新综合作用的结果，产业结构、资本结构、贸易结构都与它们有一定的对应关系。这种从内部改变经济的被动适应的循环过程的变革性力量，就是技术革新（Innovation）。①

具体而言，这种变革要素有如下五个方面：①消费者一无所知的新制品的生产；②将新的生产技术导入现有的产品；③开拓新的市场；④开发新原料等新的资源；⑤建立新的组织。其中，①②③是决定产业结构的重要因素；②⑤是改变产业的资本结构的基本因素；③④是决定贸易结构的决定性因素。企业家通过组合这些因素来谋求利润的增加，在进行技术革新时就可以向金融机构寻求信用的扩大。金融机构也相应地向企业家提供大量的、超过储蓄的资金。这样，企业家与银行之间就会建立起紧密联系，以技术革新为媒介，促进产业社会的发展。这一过程就是"创造性破坏"（Creative Destruction）的过程。在此，作为技术革新的执行者，企业家（Entrepreneur）将新的想法导入物质生产过程并付诸实践的职能，即企业家职能（Entrepreneurship）。

总体上看，创新理论与产业发展以及产业结构的长期波动有极为紧密的关系，可以从更为深远的意义上解释产业结构演进的机制。

二、康德拉季耶夫的长波理论

康德拉季耶夫（N. D. Kondratieff）在 1925 年的论文中指出，价格遵循着一个不规则的正弦波状曲线变动，而产出仅在其增长率上显示出变动。随着产出的变动，价格呈现出亲周期变动的特点：通货膨胀时期往往伴随着迅速的经济增长，而通货紧缩时期则伴随缓慢的经济增长。②

康德拉季耶夫以此强调，经济活动中存在长周期，并试图以这

---

① J. A. Schumpeter. Theorie der Wirschaftlichen Entwicklung ［M］. Leipzig, Grermany, Dunker & Humblot, 1912.

② N. D. Kondartieff. The Major Economic Cycles ［J］. Vorosy Kon'iunktury, 1925（1）：28-79.

个理论解释价格和产出的长波。具体而言，这个长周期如表 1 - 2
所示。

表 1 - 2　康德拉季耶夫的长周期

长波	特征	起始时期	结束时期
第一个长波	上涨	18 世纪 80 年代	1810 ~ 1817 年
	下降	1810 ~ 1817 年	1844 ~ 1851 年
第二个长波	上涨	1844 ~ 1851 年	1870 ~ 1875 年
	下降	1870 ~ 1875 年	1890 ~ 1896 年
第三个长波	上涨	1890 ~ 1896 年	1914 ~ 1920 年
	下降	1914 ~ 1920 年	—

资料来源：［英］约翰·伊特韦尔等. 新帕尔格雷夫经济学大辞典［M］. 北京：经济科学出版社，
1996：61 - 62.

康德拉季耶夫对长波变动的特征做了进一步的描述，指出其具有
五个值得关注的显著特征。其一，长波上涨期间，繁荣年份居多，下
降期间则萧条年份居多。其二，长波下降阶段，农业问题特别严重。
其三，下降阶段，发明层出不穷，并在下一个长波的上涨阶段得到大
规模应用。其四，长波上涨阶段的初期，黄金生产会增加，世界商品
市场因新的国家特别是殖民地国家的加入而扩大。其五，战争与革命
往往发生在上涨阶段。

康德拉季耶夫的长波理论，是对经济长周期的探索性总结，对经
济活动的内生周期，特别是产业革命长周期具有一定的引导意义。但
康德拉季耶夫的理论为价格波动所束缚，不能跳出工业生产一般性周
期来看产业革命的长周期，使得其研究受到很多质疑。当然，这也是
其历史局限性所致。康德拉季耶夫考察的经济活动，还处于第二次工
业革命作用下的经济长周期刚刚走向低谷的历史阶段，他没有意识到
两次产业革命的长周期问题也是现实使然。

第二章　克拉克理论范式的弊病

一个理论范式，主要包括三个部分：理论的前提、建立在前提基础上的演绎逻辑、结论。通常，我们发现一个理论范式的错误，往往是从结论与现实的背离起步，进而反思其前提，反思其逻辑，才能发现其弊病所在。而克拉克法则则是在前提的界定、理论逻辑上都有着根本性的错误，这进而导致了其结论也是错误的。

第一节　现实的容与拒

克拉克法则自诞生以来，不断得到诸多诺贝尔奖得主的理论大咖们的实证，使其披上了"铁律"的光环。这是因为，一方面，其从问世到理论缺陷的败露，一直处于第三次工业革命的长周期之内。在这一次长周期中，多数发达国家都存在服务业比重上升的现象。另一方面，在世界结为一体的产业结构体系中，发达国家的服务业借助新兴工业国家和发展中国家工业的贡献而大获其利，造成了繁荣的假象。直到现实中出现了发达国家自身服务业偏重至误，虚拟经济过度膨胀，而包括新兴工业国家和发展中国家在内的全球工业技术发展缓慢到了无法支撑庞大的服务业的历史阶段，这种理论与现实的背离才以日本泡沫经济崩溃、亚洲金融危机、美国"次贷危机"诱发世界经济危机等形式暴露出来。

一、理论的荣耀

产业结构理论自其最早的朴素思想产生以来，已有300余年历史。在这段比迄今为止的工业社会史还长近百年的历程中，尽管这一理论多是属于作者对所处时代的客观现实的描述或实证分析，但其对客观世界的认识在不断深化，不仅具有学术价值，而且许多观点具有现实意义和实践价值，对近代工业社会的发展发挥了一定的积极作用。对此，必须从历史唯物主义出发给予其应有的评价。

从学术发展的意义来看，产业结构理论的提出和发展使经济学理论体系得以扩大，方法不断严谨，结论趋向准确，分析逐步深入，为现实中的产业结构提供了理论基础。

第一，产业结构理论丰富了经济学的理论体系。一国的经济实体，大体上是由国民经济、产业经济和企业经济组成的，或者说是由宏观经济、中观经济和微观经济组成的。作为反映这一实体的理论形态的经济学，也应由这三个部分组成。而对产业经济或中观经济的研究，应该说是以产业结构理论的形成和发展为基本线索的，其理论成果也主要是由产业结构理论的深化来体现的。

第二，产业结构理论丰富了经济发展理论体系。产业结构的演变，是经济发展过程所表现出来的最重要特征之一。因而，产业结构理论，也是经济发展理论的一个重要的组成部分。而且应该说，科林·克拉克是发展理论的先驱。而循着克拉克的理论思想，库兹涅茨、筱原三代平等人不断使产业结构理论走向精密化和实用化。20世纪70年代之后，马克卢普、贝尔、托夫勒等人扩展了生产力的内涵，进一步强调了科学技术（知识）及技术革命在经济发展中的重要意义。

第三，产业结构理论开辟了新的研究方法。经济学在早期甚至现在的研究中，有相当多的理论与现实联系并不紧密，甚至有完全凭空捏造实例的"恶癖"，其典型代表就是李嘉图的理论。由于李嘉图经济学体系中的预测，诸如种植粮食的成本不断增加、人口对粮食供给的压力和地主收入份额的不断增大以及投资机会的逐渐消失等，着力缩小抽象结论与具体应用之间的区别，使人们无法判定这到底是无条件的历史预测，还是有条件的趋势说明。李嘉图告诉议会，经济学的一些结论像重力原理一样确凿无疑；同时又告诉马尔萨斯，为了阐述原理，他想象出了一些有力的事例，用以表明这些原理所起的作用。这种理论，当然就无法指导现实。

产业结构理论在其产生伊始，就以经济统计的佐证为其研究方法的特征。配第（1676）的《政治算术》因此而被誉为计量经济学之鼻祖。此后，随着三次产业划分方式的确立，经济统计趋向更加精密和细致，产业结构理论体系也随之而不断展开。库兹涅茨（1966）对50余国的截面数据和长期历史数据做了统计回归，考察了结构变动在不同总量增长时点上的状态。钱纳里（1986）等采用投入—产出方法、一般均衡分析方法和经济计量模型，进一步分析了低收入国家人均收入和三次产业变动间的关系，考察了国内需求、对外贸易和生产技术水平对结构变动的影响，对结构转变不同阶段中不同部门和因素对增长贡献的相对重要性进行了动态分析。赵儒煜（1999，2013）的分析则侧重于经济增长率与产业结构比例之间的关系。这些分析方法和领域的进展都为此领域研究的深入开展提供了良好的基础。

从指导实践的作用来看，产业结构理论的提出，为经济发展提出了一个结构性的思维方式，特别是在"二战"以来经济发展的结构性背景之下，这种结构性思维对产业选择、危机处理等都提供了新的思路。

第一，为制定产业结构政策提供了理论依据。产业结构理论不仅在学术上以经济现实为依据，而且其直接目的也是为经济现实服务。它为制定经济政策提供了一条新的思路和较为丰富的理论基础。"二战"以来，运用产业结构理论来调整经济的做法，日益得到人们的重视，其典型就是"二战"后高速增长时期的日本。

第二，为经济发展的突破口问题提出了理论依据。1957年，日本著名产业经济学家筱原三代平（Shinohara Miyohei，1957）在一桥大学《经济研究》杂志上发表了题为《产业结构与投资分配》的论文，提出了规划日本产业结构应该遵循的基准,被称为"筱原基准"。他的基准包括两个方面,即收入弹性基准和生产率上升基准。这一理论总结了重化工业化时期产业结构和工业结构的发展规律,为日本产业政策的制定、主导产业的选择奠定了理论基础,并发挥了直接的指导作用。此外,官泽健一(Miyazawa Kenichi,1963,1966)运用产业联系理论,进行了结构分析和因果分析,为经济计划和产业政策的制定提供了理论依据。佐贯利雄(Sanoki Toshio,1981)、马场正雄(Umaba Masao,1974)、小官隆太郎(Komiya Ryutaro,1964,1975,1984)等也从产业结构高度化历程、产业组织问题等方面进行了综合分析。正是以这些理论为指导,日本政府自20世纪50年代以来不断地制定和调整产业政策,扶植主导产业和出口产业,优化产业结构,取得了经济发展的奇迹。

第三,为提高国民经济素质和经济效益提出正确的途径。产业结构理论关于产业结构升级换代、科技革命作用等问题的论述,提示了一国经济中的主导产业不断从劳动密集型产业向资本密集型产业,进而向知识密集型产业过渡的规律,强调了通过增加产业科技含量来推进经济发展、提高经济效益的意义。在此,产业结构理论的实践意义是不容否认的。

二、历史的局限

经济学是一门通过总结经济发展历程来实现其理论升华的学科。所以,每一经济理论的探索者都只能在自己所处的历史背景之下,以已有的研究成果为基础,进行理论探索。这就决定了所有经济理论探索者的历史局限性和认识局限性。产业结构理论发展至今,虽然在学术上、实践中都发挥了重要作用,但其历史局限性和认识局限性决定了它的理论体系和理论观点都不可避免地存在缺欠。例如,费歇尔、克拉克、库兹涅茨、钱纳里由于各自所处的时间和空间不同、分析问题的根据和角度不同,对三次产业的划分方法各自不同。日本又有自己的划分方法,即第一次产业包括农林渔业、养殖业,第二次产业包括矿业、建筑业、制造业,第三次产业包括商业、金融、不动产业、通信运输业、电力、煤气、水道、服务、公务等产业。不难看出，他们的重要区别在于电力、煤气、供水、运输通信业的归属问题。各持已见，其说不一。这种产业划分标准的模糊，说明产业结构理论框架本身还有不尽完善之处。不过，这还是次要的。更为重要的是，随着社会的进步，这一理论从根本上正面临着危机。

这一危机源于克拉克法则的制造者和因循者们的历史局限性。他们的历史局限性具体体现在：一方面，摆脱不了所处历史时期对其思维方式及视野的影响，忽视了经济活动自身的周期性，当然也没有发现产业革命长周期的意义；另一方面，在理论研究方法、理论逻辑上也散在着多个违背基本原理之处，以劳动力比重说明 GDP 走势，以绝对量的经济增长概念制作虚假前提，并以此为基础创造了堪称"时间的函数"的绝对真理。这些谬误因其历史局限性而存在，不仅存在得心安理得，甚至得到了足够的尊敬，被奉为圭臬，以至于迷失了经济学的主旨——实现最佳配置和人的本性——追求经济增长，而只是为了人为地证明某种规律存在，放弃人的主观能动性，放任经济衰退以满足服务业比重提高是社会发展基本规律的假说。

第二节 法则背后的荒谬

传统产业结构理论的背后，隐藏着西方经济学者受其历史局限性、思辨方式局限性等的影响而带有的理论荒谬。但是，这样一个理论逻辑荒谬的结论，却被冠以终极真理的光环，号为"法则"（Law）。

一、研究视野的局限

受研究者所处的时代和自身出发点的限制，传统产业结构理论不能避免一定程度的历史局限性。

配第最初的结论，不过是从地理大发现带来的早期海上贸易的发达所引出的推断，与工业社会的演变之间尚无紧密联系。斯密的结论源于英国工业革命前期工业尚不发达而农业支撑作用薄弱。克拉克的视角有所扩大，取材从工业社会确立前后至 20 世纪 30 年代中后期，个别还有对 40 年代的考察。但这一考察周期并不完整，只覆盖了完整的第二次工业革命过程，这自然令这种片段性的分析结果影响了其对整个经济增长过程中产业结构变化趋势的判断——工业部门先升后降、服务部门先降后升，而且都是一次波动。库兹涅茨的取材局限于 20 世纪 60 年代之前，此时第三次工业革命尚未充分显现出成果，故其在此与克拉克的考察期间并无大异。钱纳里则基本也未跳出库兹涅茨的套路，虽然数据延伸到 20 世纪 70 年代，但仍然以承认传统理论为基调。至于后来的"后工业化"理论群，则是将焦点放在 20 世纪 70 年代之后西方经济走向危机和经济服务化倾向之上，带有一定的片面性。这种研究视野的局限性，直接导致其结论的片面性。如果从第一次产业革命开始研究就不难发现，产业结构中第二次产业和第三次产业的波动不是继起的而是循环起伏的。

二、理论前提的虚设

如上所述，传统产业结构理论之所以得出了第三次产业占主导地位是经济社会发展的必然趋势的荒谬结论，是其研究区间的历史局限性所致。而事实上，其理论前提的谬误，也使其结论失去了科学性。

传统产业结构核心的理论前提，就是其经济发展的前提。在克拉克看来，经济发展可以等同于时序。克拉克理论的展开就是以若干经济在时间推移中的变化为依据。这种时间序列意味着经济发展，而经济发展在此是指不断提高的国民收入。这种时序本质的经济发展观，使得克拉克法则成为与时间同在的绝对真理。

对此，库兹涅茨认识到了克拉克单纯的"时间序列"的局限性，将其转变为直接的"经济增长"概念。即在不存在人均产品明显减少的情况下产生的人口的持续增加，同时人口与人均产品双方的增加缺一不可。而所谓持续增加，是指不会因短期的变动而消失的大幅度提高。这一界定尽管在逻辑上无懈可击，但在现实中仍然不能摆脱其时序性的绝对真理化趋向。根据联合国官方统计，在有统计数据的近200年，几乎任何一个国家都在一个较长历史时期内实现了人均产品一定或增加情况下的人口持续增加。[①] 也就是说，在现实中，库兹涅茨的经济增长仍然等同于时间序列。理所当然地，经库兹涅茨进一步证明了的产业结构演变规律也就具有了绝对真理的色彩。

而众所周知，由于世界的无限性和人类认知能力的有限性，根本没有绝对真理存在。这种以时间序列为前提的绝对意义上的结论，在本质上必然是荒谬的。而且，从传统产业结构理论逻辑而言，由于其选择了这种时间序列的理论前提，使得其理论视角忽视了经济增长的短期甚至长期的波动过程，忽视了探讨这种波动形成的内在机制，而单纯以产业结构在某个历史时期的长期趋势就得出了第三次产业占主导是经济社会发展必然趋势的结论，做出了"后工业社会"已经到来的判断。可见，其结论显然是不科学的。

三、理论逻辑的荒唐

以克拉克法则为代表的传统产业结构理论在理论逻辑上的失败，主要体现在三个方面：三个产业的划分标准、产业结构的衡量指标、数据利用的拙劣。其中，以劳动力指标变动来分析国民收入增长过程，是其理论逻辑的关键错误。

第一，关于产业结构的划分标准，最初是由费歇尔首倡的、以一个部门的消费需求弹性为标准的产业结构划分方法。在此基础上，克拉克、库兹涅茨[②]都进行了相关分类。这些分类大同小异，主要差别在于交通运输通信、水煤气等公共事业到底属于第二次产业还是第三次产业的问题。这种分类方法的不统一，使得产业结构的理论分析基础变得含混不清。如表 2-1 所示。

---

① 麦迪森. 世界经济二百年回顾 [M]. 李德伟等译. 北京：改革出版社，1997：59，76，112，134，149，157.

② 库兹涅茨把第一次产业、第二次产业、第三次产业分别称为农业部门、工业部门、服务部门。

表 2 - 1　传统产业结构划分方式对照

划分方式	费歇尔	克拉克	库兹涅茨
第一次产业	农业、林业、渔业、狩猎业	农业、畜牧业、渔业、林业及狩猎业	农林水产业
第二次产业	矿业、制造业、建筑业、电力煤气等公共事业	矿业、制造业、建筑业、公共事业及电力部门	矿业、制造业、建筑业和电力、运输、邮电、通信等产业
第三次产业	商业、金融业、饮食等公共服务及科学、教育、文化、卫生、政府等公共行政服务	商业、运输业、行政、家庭服务及非物质性生产的其他产业	商业、金融业，不动产业，个人、企业、家庭服务及专业性服务和政府服务

资料来源：作者根据相关研究整理而得。

　　第二，克拉克法则使用劳动力指标来考察劳动力在经济发展中各产业间分布的变化。但这种视角与其考察经济发展的国民收入指标之间却是自相矛盾的。其一，经济增长的显性指标是国民生产总值（GDP）或国民收入（NI）的增加，而劳动力在产业间的分布则不能充分体现其与 GDP 或 NI 之间的内在联系。这是因为，人均国民收入与各个产业的劳动力收入并不相等，各个产业之间的劳动力价格不均衡是不争的事实。因此，从各产业的劳动力比例角度出发看其与 GDP 或 NI 的关系，缺乏足够的理论支撑。其二，根据劳动价值论，劳动创造价值，劳动时间可以成为劳动产品价值或价格的衡量指数。但是，即便在劳动时间既定的情况下，就业人数的多寡也不能成为衡量一个产业部门创造价值的标准。这是因为，就业人数并非劳动的全部，第一次产业的劳动工具、第二次产业的机器设备、第三次产业的设备设施都是劳动的物化形态，其在生产经营活动中的价值无法通过劳动力人数体现。其三，即便在劳动力人数既定的前提下，合理的分工也可以带来劳动效率的提高，从而带来各个产业在创造价值总量上的差异。这些差异也不能简单地依靠劳动力数量的统计来体现。

　　第三，由于理论前提选择了带有"时间函数"性质的非周期长数据，使得从克拉克到库兹涅茨、钱纳里，其数据分析都是粗糙而简单化地单纯考察数据段的差值。如前所述，克拉克在分析"劳动力在产业间的分布"时，使用长期数据对多个国家和地区进行了经济增长过程的追踪。但是，他关注的只是始期和终期之间的数据变化，如美国（1820～1950 年）、澳大利亚（1971～1947 年）、丹麦（1834～1952年）、法国（1827～1951 年）、德国（1882～1950 年）、大不列颠（1841～1951 年）、印度（1881～1951 年）、爱尔兰（1841～1946年）、意大利（1871～1951 年）、日本（1872～1950 年）、新西兰（1861～1945 年）、挪威（1875～1950 年）、瑞典（1840～1950 年）、瑞士（1880～1941 年）等，莫不如此。

库兹涅茨的数据分析序列与克拉克的有所不同，选择了主要国家长期数据中的分段数据始期终期比较的方法。这只是克拉克方法的细化，并没有任何方法论上的本质性进步。

相比之下，钱纳里也采取了类似的方法考察了哥伦比亚等九个国家和地区的分段数据，但其研究方法则比库兹涅茨倒退了一步。其一，从库兹涅茨长期分段考察数据差，变成了只考察 20 世纪 50～70 年代的一段数据差；其二，选择国家和地区时没有选择具有代表性的工业国，而是哥伦比亚、墨西哥、土耳其、南斯拉夫、日本、韩国、中国台湾、以色列、挪威等，其中除日本工业化进程较长外，其余皆为后起的工业化国家或地区。

四、开放经济的忽视

传统的产业结构研究者都是以国家为单位进行研究。这一方面是数据资料限制的结果，另一方面则反映了这些研究者对国际经济合作带来的产业结构变化没有足够的认识。

不容否认的是，由于"二战"后开放经济高度发达，使得世界上一个国家产业结构的波动已经不能与其经济增长构成独立封闭的因果关系了。这是因为，在开放经济条件下，一个国家或地区的产业结构与其所参与的国际经济循环密不可分。在此基础上，各国产业结构将共同构成一个大的超国家的"共同体式"产业结构，这个大的产业结构将在整体上以物质生产部门（在工业社会就是以第二次产业为主）的发展来推动其成员国家的经济发展。由于各国产业只是整个世界产业的局部或组成部分，因而一些国家的产业可能表现为以第二次产业为中心，有的国家可能以第一次产业为中心，而有的国家则以第三次产业为中心。这种发展倾向可以解释，尽管一些国家依靠非物质生产部门存在，经济波动主要受非物质生产部门影响，但是，仍然不排除其经济增长是由物质生产部门来决定的本质。这一点，对于我们分析诸如美国之类开放度较高、对世界经济依存较大的国家尤为重要。

美国就是这种国家的一个范例。从工业化之初至今，美国的第三次产业一直高于第二次产业和第一次产业。从统计上可以说，美国一直是一个以第三次产业为主体的经济体。但是，由于美国一直较为深入地参与着国际分工，我们就不能简单地因其服务业比重高就认定其是"后工业社会"。倘若如此，美国工业化之初就已是服务业比重在国民经济中占据绝对优势的"后工业社会"了。同时，不能简单地判断美国的经济增长是第三产业起着决定性的作用。事实上，我们通过后面的实证分析可以看到，在美国的长期经济增长中第二次产业还是发挥着决定作用的。这说明，美国经济不仅受海外的第二次产业增长的影响，而且更直接地受本国第二次产业波动的影响，加之"二战"后美国经济在世界经济中一直占据着统治地位，其第二次产业的荣衰自然会影响与其经济联系紧密的相关国家，进而波及全球并最后波及其自身。

综上所述，以克拉克法则为代表的传统产业结构理论，在一定历史时期固然有其指导经济发展的作用，但随着社会经济的深入发展，其根本的理论谬误逐步暴露出来，不再具有指导意义，甚至带有将经济发展带入歧途的弊病。

第三章　新产业结构理论范式

　　以克拉克法则为代表的传统产业结构理论范式提出较早，证者不少，可谓群星闪耀。几个诺贝尔奖得主的研究都证实过它的存在。但是，库兹涅茨也好，钱纳里也罢，甚至跨界的贝尔等人，着眼的时间段都是 19 世纪 60 年代之后、20 世纪 70 年代之前，历史局限性蒙蔽了他们的智慧。而在现实中，从第一次工业革命到 21 世纪的今天，不仅产业结构的演变远非一次性的过程，而且服务业比重上升虽是经济增长过程中的必然组成部分，但既非终极方向，也非经济发达的标志，而恰恰是经济衰退的伴生品。

　　残酷的现实拷问着经济学人的学术良心——到底是要经济活动来适应理论，还是要理论来接近现实？到底是要实现经济的繁荣，还是甘于衰退而仅因为这种衰退是服务业比重高的伙伴？经济学到底是要追求资源合理配置下的效益最大化，还是遵循既有所谓规律而放弃争取繁荣的努力？

　　基于上述认识，我们针对传统产业结构理论体系的弊病，提出了新的理论范式。

第一节　理论前提与逻辑

如前所述，为纠正传统产业结构理论的谬误，我们认为关于产业结构与经济增长关系的理论应有如下前提和理论逻辑的基本框架：第一，经济发展应以经济增长率为尺度；第二，以国际产业结构为前提；第三，产业结构划分采取国际公认统计标准；第四，产业结构考察从劳动力指标变为 GDP 指标。

一、经济增长率

如前所述，传统产业结构核心的理论前提，就是其"经济发展"前提。由于其关于"经济发展"的界定使得经济发展等同于时序，就使得克拉克法则成为与时间同在的绝对真理。这不仅在哲学和科学上是荒唐的，而且掩盖了经济活动自身周期性的客观现实。

为此，为准确反映产业结构与经济增长过程之间的相互关系，我们提出以能够反映经济增长波动幅度的相对量指标——经济增长率为界定经济发展的主要指标。主要理由有如下两点：其一，如上所述，世界各国事实上均处于长期经济增长过程中，使用绝对量指标衡量的经济增长已经不能反映出产业结构演进与经济增长的关系，而必须依靠经济增长率来判断一国经济增长与产业结构之间的关系；其二，由于"二战"后世界各国相继采用凯恩斯理论来调控经济发展，新的技术进步在单个产业领域不断出现，使得世界经济出现了长期增长而短期萧条、总体增长而结构性萧条的特征。判断一个国家经济是否处于增长状态，只能通过经济增长率来进行国际比较。

事实上，考察一国经济增长，既要考察绝对量上人口和人均产品的长期增加，也要考察相对意义上一国的人口和人均产品比其他国家更快的增加。在此，我们采用相对意义上的经济发展为本研究的主要前提，即参照经济增长率的高低来考察一国经济发展与产业结构之间的关系，采用动态的相对论来进行国际和一国内部产业之间的比较研究。这样，在分析过程中，就不会在长期趋势分析中拒斥中短期波动。

二、开放经济

如前所述，传统的产业结构研究者都是以国家为单位进行研究。这一方面是数据资料限制的结果，另一方面则反映了这些研究者对国际经济合作带来的产业结构变化没有足够的认识。

而事实上，由于"二战"后开放经济高度发达，一个国家或地区的产业结构与其所参与的国际经济循环已经形成了密不可分的联系。在此基础上，各国产业结构将共同构成一个大的超国家的"共同体式"产业结构，这个大的产业结构将在整体上以工业部门的发展来推动其构成成员国家的经济发展。由于各国产业只是整个世界产业的局部组成部分，因而一些国家的产业可能表现为以工业部门为中心，有的国家可能以农业部门为中心，有的国家则以服务部门为中心。而由于世界经济整体性的存在，尽管一些国家依靠非物质生产部门存在、经济波动主要受非物质生产部门影响，但是仍然不排除其经济增长是由物质生产部门来决定的本质。例如，安道尔、梵蒂冈等袖珍国家，都是完全靠服务业生存的，但其经济活动基本无法自主，繁荣与衰退取决于对外经济融合最为紧密的工业部门。同理，以服务业为主的国家也是如此。这一点，对于我们分析诸如美国、中国之类开放度较高、对世界经济依存较大的国家尤为重要。

众所周知，美国作为世界上最大的经济体，生产和消费均受海外物质生产部门的巨大影响，但仍然不能跳出统计数据的局限，因此设定这种海外影响为一个既定值而仅作为一个参考，留待数据资源足以支撑数量分析时再将其纳入框架之中。相比之下，中国经济刚刚走入世界经济体系之中不久，参与国际合作的方式主要是进出口贸易，受世界经济影响更多的是物质产品的进出口问题。因此，研究中国产业结构与经济增长的关系，反映中国自身 GDP 生产部门的相关统计数据就足以进行数量分析了。

三、三次产业的划分标准

如前所述，传统产业结构在产业划分上标准不一，使得其关于产业结构演进态势的论述受到一定影响。目前各种划分方法的根本分歧点是交通运输业、电力部门的归属问题。我们认为，这应当从这些产业的经济活动的展开方式来考察。

工业化初期，电力乃至公共事业、运输通信等部门基本上是为满足工业部门的需要而产生、运转的，其生产过程也基本上被归入工业部门的生产过程之中，故其性质可看作工业部门。而随着工业社会的发展，特别是"二战"后的科技革命之后，大众消费型的经济增长成为经济社会的主要特征，公共事业、运输通信开始从工业部门脱离开来，部分直接为大众消费服务，部分为商业、金融业等服务部门服务从而间接地为大众消费服务，当然也有一部分仍在继续执行着原来的为工业部门服务的职能，但这一部分在总体上已不再占据优势了。而电力部门则在生产过程中仍旧保持着工业生产的特征，在其运用中虽然也有为社会消费服务的一面，但在总体上还是主要为工业部门所用。因此，在这一阶段，电力应从属于工业部门，而运输、通信等则应从属于服务部门。

通过横跨以上历史时期的考察，我们从发展的角度出发，亦从经济学面向未来的立足点出发，将电力归于工业部门，而运输、通信等则归于服务部门。

我们提出的新理论范式，基本采用中国及美国国家统计标准划分三次产业。具体而言，第一次产业包括农业、畜牧业、渔业、林业及狩猎业；第二次产业包括矿业、制造业、建筑业、水电煤气等公共事业；第三次产业包括运输，邮电，通信，商业，金融业，不动产业，个人、企业、家庭服务及专业性服务和政府服务。

从其内容来看，传统产业结构理论与本研究提出的新理论范式产业划分的差别，并不影响我们研究的科学性和对传统理论的可验证性。

第一，我们采取的分类方法是现行的国际公认的分类方法，符合经济统计的国际惯例。第二，在后面的分析中我们发现，第二次产业对GDP增长有着积极的正相关关系，而我们的第二次产业统计标准并没有比前人的扩大，相反采取了在GDP绝对值上通常低于前人的分类方法。这使得我们的结论更具说服力。产业结构划分方式的对照如表3-1所示。

表3-1 产业结构划分方式的对照

划分方式	费歇尔	克拉克	库兹涅茨	新理论范式
第一次产业	农业、林业、渔业、狩猎业	农业、畜牧业、渔业、林业及狩猎业	农林水产业	农业
第二次产业	矿业、制造业、建筑业、电力煤气等公共事业	矿业、制造业、建筑业、公共事业及电力部门	矿业、制造业、建筑业和电力、运输、邮电、通信等产业	矿业、制造业、建筑业、水电煤气等公共事业
第三次产业	商业、金融业、饮食等公共服务及科学、教育、文化、卫生、政府等公共行政服务	商业、运输业、行政、家庭服务及非物质性生产的其他产业	商业，金融业，不动产业，个人、企业、家庭服务及专业性服务和政府服务	运输，邮电，通信，商业，金融业，不动产业，个人、企业、家庭服务及专业性服务和政府服务
与新理论范式划分的主要区别	交通运输、通信在第二次产业	邮电、通信等在第三次产业	运输、邮电、通信等产业在第二次产业，水、煤气在第三次产业	

资料来源：作者根据相关研究整理而得。

四、产业结构的 GDP 指标

如前所述，克拉克法则使用劳动力指标来考察劳动力在经济发展中的各产业分布的变化。但这种视角与其考察经济发展的国民收入指标之间却是自相矛盾的。

为此，我们提出以 GDP 指标来考察各个产业在经济增长或者说在 GDP 增加过程中的比例变化，以准确把握各个产业在经济增长过程中作用程度的强弱、所居地位的主次、影响方向的正反，由此可以总结出产业结构与经济增长之间的内在关系和作用机制。

第二节　产业结构演进与经济增长关系的内在机制

在产业结构的演进过程中，我们必须明确如下几个最根本的机制：其一，物质生产部门为什么必须是经济社会的根本；其二，产业发展由其自身机制决定其长期发展趋势；其三，产业结构与经济增长之间的作用机制。

一、物质生产部门根本性的决定因素

从产业结构的角度来看，在过去、现在和未来，人类经济社会只会存在两种产业社会形态，即农业中心社会和工业中心社会，而不会出现克拉克法则所说的以服务部门（第三次产业）为核心的产业社会。

在此，所谓以农业或工业为中心的社会，是指农业或工业部门相对于其他产业部门在经济发展过程中发挥主要的牵引作用的经济社会。相应地，在产业结构上，就是指农业或工业部门作为主要产业部门，其比重的增长与经济增长之间存在着必然的因果关系的经济社会。随着社会生产力的发展，经济社会存在着由农业中心社会向工业中心社会转变的必然趋势，但这两个社会都是以物质生产部门为核心的社会。物质生产永远是社会经济存在和发展的基础和动力。因为：

第一，需要是推动产业结构演进的根本动力，需要的各个层次都是以物质需要为基础的。

随着收入的增长，精神需要的增长要比物质需要快，但也是以物质手段的发达为依托的。因此，经济社会的中心必然是物质生产部门，而不可能是非物质生产部门。

产业结构是各产业在国民经济中的相互间比例关系。而这种比例关系，在本质上是由社会大生产的最终目标——社会消费对各产业部门的各自的、综合的需要来决定的。这里的需要（Wants），是指人类对物质精神生活的欲望，它并不只包括"有支付能力的"部分即需求（Demand），还包括当时的社会经济条件所不能满足的部分。

关于需要的学说，目前最流行的是亚伯拉罕·马斯洛（Abraham，Maslow）在 1943 年提出的需要五层次理论。即：①基本的生理需要，即生存的需要；②安全的需要；③社会的需要；④尊重感的需要；⑤自我实现的需要。第一种是人的最基本要求，其余统称为心理需要。这些需要一个接一个地产生，前一种欲望一旦得到满足甚至部分得到满足，就会产生后一种需要。所以，需要实际上是无穷的。而且，任何一种需要并不因下一种高层次需要的到来或发展而告消灭。各层次的需要相互依赖与重叠，在高层次需要不断发展的同时，低层次需要继续存在，只是对经济行为的影响力有所降低而已。

此后，出现了许多需要理论。1972 年，阿尔德法（Alderfer）主张将马斯洛的需要的五个层次压缩为三个，即存在需要（Existence）、关系需要（Relatedness）、成长需要（Growth），简称 ERG 模式。其理论认为，各个层次的需要得到的满足越少，这种需要越为人们所渴望；较低层次的需要越是能够得到较多的满足，对较高层次的需要就越是渴望；较高层次的需要越是满足得少，对较低层次需要的渴求也越多。

此外，苏联学者认为，在人的行为中社会需要是占据优势的，它决定了人的思维的方向性，因此提出了社会需要的层次论：社会政治活动是最高层次，以下依次为统治地位的需要、交往的需要、成功的需要、认识的需要及艺术美感的需要。

我们认为，需要作为人类特有的属性，确应不只包括个人的欲望，还应该也必然存在作为一个整体的人群社会所产生的欲望。因此，需要在本质上包含着个体和群体的各个层次的物质精神生活需要，它们之间存在着相互依赖、相互促进、相互渗透的紧密联系，而其共同的基础就是物质生活需要。

首先，物质生活需要是人类赖以生存、延续的保障，是人类从事经济活动的基本目的和出发点。因此，在早期社会生产力还很低下的历史时期里，民以食为天，必须坚持以农业部门为经济社会的中心产业部门。

其次，物质生活需要的扩大和深化，是推动社会生产力进步的动力。随着基本的、保障生存和延续的需要逐步得到了保障，而且出现了剩余，人们的需要向实现更好的生存和延续来扩大、深化。基本需要的重心，从食向食衣住再向衣住行逐步转变。而所有这些都要求数量更多、质量更高的物质消费品，要求社会生产、科学技术在物质生产领域里的进步。于是，为满足这些日新月异、不断增长的物质生活需要，为原材料不断进行深加工的工业部门迅速发展，超过了农业部门，占据了经济社会的核心地位。

最后，精神需要也是以物质产品为依托的。众所周知，随着收入的增长，人们的精神需要会出现比物质需要更快的增长。但是，这并不意味着人类的经济活动将脱离物质产品的生产而转向以非物质生产为中心。因为，人们精神需要的满足，是通过物质产品消费来实现的，是以物质产品为依托的。比如对音乐的欣赏，有赖于乐器、音响设备的制造和不断革新；对知识的研究和吸收，需要有更多的闲暇时间，而闲暇时间，是通过提高物质生产的劳动生产率、劳动时间的节省争取到的。

第二，即便人类社会超越商品经济，发展到共产主义社会，人类仍然不能摆脱对物质产品的依赖。

随着物质生产的发达，特别是工业部门的发展，"将给社会提供足够的产品以满足它的全体成员的需要"[①]。这时，商品经济终将为各取所需的产品经济所取代。而那些只有在商品经济社会里才存在的、与

---

① 恩格斯．共产主义原理［G］//马克思恩格斯选集（第1卷）．北京：人民出版社，1972：222.

商品交换和货币共生的产业部门，如商业、金融保险业、不动产业，那些与商品经济相适应的社会形态和意识形态下的政府服务部门，如国家管理、国防等，都将消亡。它们绝大多数属于服务部门。也就是说，进入产品经济之后，服务部门的大部分产业将不复存在。当然，它也就根本无法主导经济社会。

第三，在商品经济的历史阶段内，服务部门同样不能牵引经济发展，不能成为经济的中心。

首先，服务部门的产生是应物质生产的需要而产生的。服务部门是为物质生产过程提供服务的部门，不能本末倒置。对此，马克思早已有过论断："我们得到的结论并不是说，生产、分配、交换、消费是同一的东西，而是说，它们构成一个总体的各个环节、一个统一体内部的差别。生产既支配着生产的对立规定上的自身，也支配着其他要素。过程总是从生产重新开始。交换和消费不能是起支配作用的东西，那是自明之理。分配，作为产品的分配，也是这样。"① 因此，服务部门中的商业不过是为完成产业资本流通过程中的中介作用而存在的；金融业则是为产业资本解决资本在筹集过程中和在完成支付手段时的困难而出现的；交通运输业是为联结生产、分配、交换、消费过程中物质产品的物理位移的各个中介点而产生的。至于那些在个人、家庭、企业、政府领域里的（狭义的）服务业，更是从属于整个物质生产过程。而且，从量上来看，服务部门在经济中的比重是由物质生产部门来决定的。"一定的生产决定一定的消费、分配、交换和这些不同要素间的一定关系"②。服务部门从本质上也不能超过生产需要而发展；超过了就成为多余的东西，不仅无助于经济的发展，而且将成为健康社会肢体的蛀虫。因此，从经济社会运行的客观规律来看，服务部门主导经济，不仅是荒谬的，而且必将使整个经济走入脱离物质载体的虚拟经济或泡沫经济之中。

---

①② 马克思．政治经济学批判（导言）[G] //马克思恩格斯选集：（第2卷）．北京：人民出版社，1972：102.

其次，现实中虽然有个别国家存在以服务部门为主的情形，但从国际产业结构的角度来看，它们是以其他国家物质生产部门的发展为依托的，不能成为独立循环的经济，更不具有代表性。历史上，许多国家由于物质生产部门的落后或衰退，服务部门占据了经济的中心，结果整个经济发展受阻，甚至陷入衰退，最终在世界经济中的地位逐渐下落。在 16 世纪，荷兰曾依靠对外贸易和海上掠夺建立起海上垄断地位，威赫一时，但最后不敌靠工业革命起家的英国，连海上霸权地位也被英国夺去。此后，英国虽然确立起"世界工厂"地位，成为世界经济中心和头号强国，但不久又踏上了荷兰的老路，依靠同殖民地贸易生存，日益忽视本国工农业的革新和发展，又被后来居上的美国所超越，成为二流国家。英国的历史，可以被认为是以工业部门为中心和以服务部门为中心发展经济带来不同后果的正反两个方面的典型例证。

最后，实践证明，在一国经济中，服务部门如果超过物质生产部门所要求的比例过度膨胀，不仅不能牵引经济增长，而且必然导致经济走入长期萧条、衰退。中国农业中心社会的多次循环，就是商业侵蚀农业的恶果。现代英国的"发达国家病"，美国在 20 世纪 60 年代后半期开始的长期不振，日本在 20 世纪 70 年代之后出现增长速度减缓甚至跌入"泡沫经济"深渊，都是由于这种服务部门的比重增加至超过甚至脱离了工业部门的需要所致。这种产业结构形态，在统计上呈现出服务部门长期占据大半比重的现象，使人们误以为服务化社会的到来。但本质上，这是把由于工业部门发展相对缓慢或滞后所造成的恶果，视为社会将进入更高级阶段的象征，实乃颠倒黑白。工业部门的相对衰落，就意味着经济增长的牵引力量的衰竭，从而导致整个经济的长期萧条。

二、产业发展长期趋势的决定机制

从迄今为止的人类经济社会发展历程来看，产业发展态势自有其长期趋势。在农业中心社会里，农业处于产业结构的中心位置，农业波浪式向前发展，手工业长期低缓发展，商业随农业的起伏而涨落；而后，农业生产力发展和商业化，推动了工业化进程，使经济社会在产业结构上由农业中心转向工业中心；在工业中心社会里，产业结构长期趋势为，农业部门呈现长期的下降趋势，工业部门处于主导地位，并也波浪式向前发展，服务部门则随工业部门的起伏而同样表现为波浪式发展的过程。上述产业发展的长期态势，是各个产业自身发展机制的作用结果。

1. 农业部门比重长期下降，是其产业技术发展机制、消费特征决定的

其一，从需要结构和消费结构来看，农产品为人类最基本的物质生活必需品。在农业生产力尚不发达的时期，为了确保社会制度的稳定，必须尽最大可能地满足这一最基本的需要。因此，在这一历史时期，必须制度性地以农业为经济社会的中心。随着农业的进步，必然出现商业化趋势。但是，在农业劳动生产力发展到可以完全挣脱满足最基本需要的束缚之前，它的发展所带来的商业化，最终必将冲击农业生产自身。因此，农业在繁荣之后，往往为商业所侵蚀，转为萧条，迫使统治阶级再次制度性地以农业为中心，从而，形成了长期趋势上的农业波动形态。

而随着农业技术的进步，农业生产剩余增加，带动经济商业化和工业化，农产品在消费结构中的比重开始下降。对此，德国社会统计学家恩格尔（L. E. Engel）进行了有力的论证。[①] 随着人们收入的提高，对农产品的需求就越来越相对落后于对工业、服务业产品需求的增长，导致国民收入在农业部门的减少和在其他产业部门的增加。这种情况进而造成农产品与工业品、社会服务之间的价格差距，使后者可以较高价格获取较高的附加价值。农业的国民收入则由此更为低落，劳动力也因此不断流出。表 3-2 所示为以 1948~1954 年平均值衡量

---

① 恩格尔在其论文《萨克森王国的生产和消费状况》中指出，"越是低收入国家，饮食费用在整个家庭支出中的比例就越高"。这一论断，被后人称为"恩格尔定理"（Engel's Law）。而饮食费占家庭总开支的百分比，则被称为"恩格尔系数"（Engel's Coefficient）。

的三次产业劳动生产率的国际比较。

表 3 - 2　三次产业劳动生产率的国际比较（1948~1954 年平均值）

人均国民收入水平	国数	劳动生产率及其比较		
		A（第一次产业）	B（第二、第三次产业）	A/B
1	7	0. 86	1. 03	0. 86
2	6	0. 60	1. 19	0. 52
3	6	0. 69	1. 15	0. 62
4	5	0. 48	2. 02	0. 27
5	5	0. 61	1. 48	0. 42
6	7	0. 69	1. 72	0. 45
7	4	0. 67	2. 74	0. 31

资料来源：Simon Kuznets. Quantitative Aspects of the Economic Growth of Nations：Ⅱ. Industrial Distribution of National Product and Labor Force ［J］. Economic Development and Cultural Change，1957，5（4）：1 - 111.

其二，农产品具有收入弹性低的特点。但是，对此应该历史地分析。在农业中心社会，由于劳动生产率低，最基本的生活需要也亟待满足，收入的增长在相当大的程度上与农产品消费的增加结合在一起。因此，在这一历史时期，农业的收入弹性还是较高的。进入工业中心社会之后，劳动生产率的提高和收入的增长，使最基本的生活需要易于得到满足，从而使消费的重心转向了工业品，农业的收入弹性低的特征才呈现出来。

其三，从技术进步的角度来看，农业要比工业困难得多。而且，由于农业生产本身的特点，农业投资很容易出现"报酬递减"现象。这和农业需求的低收入弹性以及工业需求的高收入弹性结合在一起，必然使农业国民收入的相对比重下降。

其四，农业自身劳动生产率的提高，加之土地的有限性和农业的低收入弹性，必然使农业释放出来的劳动力流入其他产业。库兹涅茨将 40 个国家按人均国民收入水平分成了七个等级，就 1948~1954 年这七年间的第一、第二、第三次产业之间的比较劳动生产率进行了考察，结果发现，越是贫穷的国家第一次产业和第二、第三次产业的比较劳动生产率差距越大。而且，不发达国家多为农业国，农业劳动力的比重大；而发达国家多为工业国，农业劳动力的比重小。

其五，农业自身的商业化和工业化，也使其一部分原隶属于农业的家庭手工业通过专业化分工转向了工业部门，如食品加工、棉纺、农具制造等行业。这就直接造成了农业部门比重减少、工业部门比重增加的倾向。

2. 工业部门比重增长较快，与其技术特征和消费市场特征紧密相关

其一，从需求结构和消费结构来看，如前所述，在农业中心社会，由于农业生产力尚不发达，生产关系体系必须尽最大可能地满足人类对农产品的最基本需要，必须制度性地以农业为经济社会的中心。而随着劳动生产率的提高以及物质生活需要和精神生活需要的不断扩大，工业品渐渐在需要结构和消费结构中占据了中心地位。正是社会需要从最基本的生活需要向更高层次的物质精神生活需要的不断延伸，支撑着工业部门比重的不断扩大。

其二，工业品的收入弹性高，而且，随着收入的增长，人们的精神消费比物质消费增长更快。前文已述，这种精神需要的满足也是通过物质载体来实现的。因此，随着国民收入的提高，工业部门就会得到相对于农业部门和服务部门更多的需要的支持，从而获得更大发展。

其三，农业的工业化、工业技术的进步和新兴产业的出现，使工业部门在质上不断增强，在量上不断扩大。原属于农业部门的产业，如食品加工、纺织等，通过工业化向工业部门转移，增加了工业部门的构成内容，而且农业在生产手段上的工业化，如农业机械的普及、化肥的广泛使用等，也同样推进了工业部门的扩大。更为重要的是，工业部门内部在技术革命的推动下，新兴产业不断涌现，生产效率急速提高，直接形成了工业部门的增长倾向。

其四，工业部门的技术进步速度较快，劳动生产率远远高于农业和服务部门，使其创造国民财富的效率大大高于这两个部门，因而其

在国民经济中的比重在技术进步的推进之下比这两个部门增长更快，有相对上升之势。

其五，工业部门在工业中心社会里的波浪式发展，是科技革命的周期性带来的必然结果。在科技革命的推动之下，工业部门不断创造新产品，满足市场需要，其比重呈现上升趋势。而随着这种产业技术的成熟、老化，市场趋于饱和，工业部门的生产趋向衰退，其在国民经济中的比重因而下降。而后，为克服旧的技术体系的弊病，新的技术革命应运而生。在新的技术革命的推动之下，工业部门的比重再次上升，而后成熟、老化，再由下一次技术革命推向上升。如此循环往复，遂构成了工业部门波浪式起伏发展的特征。这一波浪式发展在资本主义制度下的表现形式是：通过多次小的经济循环，推动工业部门在现有技术体系所容许的范围内不断上升；同时，在生产增长与社会有支付能力的需求不同步的作用下，也积累了日益深重的经济矛盾，直至爆发大规模经济危机；危机使大批企业倒闭，市场竞争加剧，工业表现出衰退的趋势，迫使工业部门不得不通过技术革命来摆脱困境；新的技术革命使经济从危机中复苏，并再次走向高涨。

3. 服务部门虽然增长快于农业部门，但不是决定性力量

其一，与农业部门相比，服务部门所提供的消费的收入弹性较高。人们对它的需要随收入增加而快于对农产品需要的增长。而且，由于服务部门从属于物质生产部门，特别是在工业中心社会里主要从属于工业部门，因而就会随着物质生产部门，特别是工业部门的增长而扩大，因此，服务部门在国民收入中的相对比重也会相应上升。

其二，与工业部门相比，服务部门难以形成垄断，易于吸收劳动力，这也促成了它在整个就业人口中所占比重的扩大。从20世纪初到60年代的欧美若干发达国家的情况看，从农业分离出来的劳动力，主要为服务部门所吸收。而由于服务部门中的许多行业具有劳动力和资本比较容易进入的特点，使该产业内部竞争激烈，不容易形成垄断，致使服务这一无形商品相对于工业品这种有形商品的附加价值较少。因此，在一定历史时期内，即在服务部门劳动生产率不及工业部门一

般水平的前提下，这形成了服务部门劳动力较易增加，而国民收入的相对比重较难上升的特点。

但是，服务部门吸收就业的能力也有随技术进步而逐渐下降的倾向。这是由于先进技术、自动化的办公设备导入服务部门之后，提高了服务部门的劳动生产率，减少了其对劳动力的需求。例如，计算机网络的投入，一方面大大提高了商业、金融业等行业的办公效率，另一方面也加大了经营成本的压力，因而不但没有必要雇用大量的办公人员，而且有必要削减人员以实现成本的节省。据美国的一项预测表明，今后的十年中，银行业的 280 万个就业机会将失去 45 万个。

其三，如前所述，尽管服务部门也会有较快的增长，但由于它所提供服务的载体是物质的，并是在直接、间接地为物质生产部门服务，因而，服务部门的增长是伴随着物质生产部门（在农业中心社会主要为农业部门，在工业中心社会主要为工业部门）的增长而增长的。

其四，服务部门是在与工业部门交替起伏的形式上波浪式发展的。在工业部门高涨时期，服务部门随之发展，但增长速度慢于工业部门，故比重表现为相对的下降。而在工业部门因技术成熟、老化而趋向衰落时，服务部门受物质生产和消费方式的惯性延续的影响而继续发展一段时期；同时，由于商业、金融、教育、国家机关等服务部门所提供的服务自身已构成人们生产、生活中的较固定部分，因而在很大程度上不存在技术老化的威胁；甚至一部分服务业部门，如证券业、银行业、期货、房地产等，都出现了自我循环、恶性膨胀的现象。因此，服务部门在工业部门走入衰退时仍得以维持相对于工业部门较好的状况，从而表现为服务部门比重的相对上升。总之，服务部门的长期趋势是随工业部门的起伏而与工业部门交替涨落波动。

三、产业结构与经济增长关系的决定机制

物质生产部门的增长构成了国民经济发展的根本动力。经济增长较快的时期，就是这种物质生产部门相对于其他产业部门增长较快、比重不断提高的时期。这在农业中心社会里，为农业部门发展较快的

时期；在工业中心社会里，为工业部门发展较快的时期。

首先，从需要结构和消费结构来看，由于精神需要归根结底是必须以物质产品为依托的，因此工业品（农产品）是工业中心社会（农业中心社会）最主要的消费品，因而它能够最大限度地满足物质精神需要。正是因为有了这一坚实的物质基础，物质生产部门便成为经济发展的根本动力，工业部门（农业部门）就成为牵引工业中心社会（农业中心社会）的产业部门。

其次，在不同的历史阶段，社会生产力的进步都是通过物质生产部门的生产对象的扩大和优化、生产工具的发明和精密化、劳动者对物质世界认识的加深和素质的提高来实现的。因此，科学技术的进步，只能以物质生产部门的劳动生产率的提高为媒介，逐步推动社会总价值的增长。而物质生产部门作为科学技术的物质载体，必然成为社会进步动力之源。

最后，实践证明，工业中心社会（农业中心社会）获得较快发展的时期，都是工业部门（农业部门）取得相对于其他产业部门更快的发展，在国民经济中的比重不断上升的时期。中国农业中心社会的历次繁荣都出现于农业生产获得稳定发展的时期。发达国家中的日本、美国都是通过工业部门的高速增长带动了整个经济的跳跃性发展而后来居上的。而这一过程的具体表现，就是工业部门在国民经济中比重的不断提高。

第三节　新结论及相关理论问题

尽管我们在理论上可以充分证明物质生产部门是决定经济社会增长的根本力量，但仍然有经济学者片面、简单地将第三次产业比重在部分发达国家不断上升的假象视为社会发展的必然趋势，而忘记了辩证地去看待其与经济衰退的如影随形，忘记了经济学理论研究的终极目标。

一、新的结论

根据上述理论分析和世界主要工业国、亚洲新兴工业国及中国经济发展的实践经验，我们提出如下关于产业结构演进态势及其与经济增长关系的新结论。

第一，产业结构的长期趋势不是由第一次产业向第二次产业再向第三次产业迭次主导的一次性演进过程，而是在第一次产业比重长期下降的同时，第二次产业比重则呈现多次由低到高再到低的多次循环发展过程，第三次产业也呈现出多次由高到低再到高的多次循环发展过程。这些产业结构长期演进的趋势特征，已经由世界各国长期发展历程所证明。

第二，在产业结构与经济增长的关系上，一个经济体进入工业化之后，第二次产业将逐步成为经济增长的主要动力。这反映为在长期增长过程中，第二次产业比重上升和保持较高水平的时期，往往就是经济增长加速或保持较高增长速度的时期。而第三次产业则恰恰相反，其比重上升或保持较高水平的时期，往往是经济增长速度放缓或经济陷入萧条甚至危机的时期。事实上，我们注意到第二次产业的长期波动周期，往往与工业革命的周期相重叠。这说明，依靠技术进步推动的第二次产业快速发展与经济增长率的变动存在着正相关的关系，而第三次产业恰恰相反。对此，我们将利用数量分析的方法给予证明。

第三，基于国际产业结构的理论背景和上述推断，在当前仍然是第二次产业对经济增长起着决定性作用的历史阶段，则可断定当前仍然处于工业社会之中。即使是美国的第三次产业比重较高，也不能从本质上改变其经济增长靠第二次产业拉动的机理，相反只能说明美国的第三次产业只是在依附于第二次产业的整个产业体系中处于相对高端的优越位置而已，并非已经超越了工业社会，进入了所谓的"后工业社会"。

二、第三次产业比重增加的辩证认识

从客观的经济现实来看，正如前文所述，在一些经济较为发达的国家和新兴的工业国群体之中，确实出现了第三次产业在产业结构中的比重不断增加的情形。这和这些国家处于相对先进位置的事实结为一体，使许多人认定：第三次产业比重的不断增加，是一国经济达到发达阶段的标志，是经济发展的必然趋势；而且，第三次产业比重在客观上的不断增长，说明第三次产业必将占据国民经济的中心位置的论断是正确的，因为事实如此。我们认为，这种观点是被发达国家在静态现状上的优势所误导的结果，是完全静止的看法，而且在价值观上也是消极的。

应该看到，第三次产业在产业结构中比重的不断增长，是与经济增长的减速相伴生的，而且伴随着这种趋势的加强，其结果就是经济危机与长期萧条。这方面的实例很多。例如，荷兰因沉迷于"海上贸易王国"的优势而最终让位于依靠工业革命成为"世界工场"的英国；英国倚仗其工业大生产优势，放弃进一步的工业化努力而专心致志于"自由贸易"，不仅很快为德国、美国等后来居上，甚至一度成为"发达国家病"的典范；美国在 20 世纪 70 年代之后出现的所谓"后工业化"（为概括当时第三次产业大发展的形势而造的专用名词），是以经济的长期低迷为代价的；日本在"服务化"登峰造极之后，经济崩溃，才认识到这不过为空中楼阁的"泡沫经济"而已。对此，具体情形可参见本书其他章节，特别是实证部分的评介，在此不再赘述。

与此同时，还应看到，因为第三次产业增加态势客观存在就认为其是正确的，是受到康德所谓"现存的就是合理的"的哲学的影响。我们认为，这种观点用以考察客观物质世界，尚有一定的合理成分，但用以考察带有世界观、价值观的人类行为，当然包括经济行为，则是不合理的。如随着社会的发展，人类不仅在创造着自己的精神和物质文明，也随之越来越多地暴露出相反的阴暗面：金钱的社会力量越来越大了，腐败现象禁而不止，犯罪率有增无减等。这些现象都是客

观存在的，但我们恐怕谁也不能说是合理的。可见，持"现存的就是合理的"之一端看人类经济行为，看第三次产业比重增加，是完全忘却了人之为高级动物的陈腐之见。

三、关于经济学的意义

由"现存的就是合理的"引发的"第三次产业比重增加的现实证明其自身的正确性"的观点提醒我们：经济学本身也迷失了自己的方向，专心致志于分析已"异化"为外物的所谓经济现象，而忘却了作为人类应有的世界观、价值观。如上所述，西方产业结构理论在其理论前提、研究方法、结论及其理论发展过程中，都存在着非科学性。因此，我们更有必要从整个西方经济学甚至经济学的角度出发，重新审视、判断经济学的存在意义和真正应有的内容。

从经济学的出发点来看，其非科学性之所以存在，根本原因就在于，并没有从人出发来研究人类经济行为的生成机制，而是从已形成的经济行为的轨迹来力求精密的推理和明智的证明。因此，其前提因无力概括人类经济社会的全部侧面而不得不取用去废，以片面求全体，以静态代动态，而其手法也只有以假设代替现实了。同时，人类社会在不断进步，经济行为也渐生变迁，只研究已"异化"为外在的、可操作的经济现象，而不去从人类经济行为的出发点去研究，因而只能追随人类的步伐亦步亦趋，唯靠人类经济行为的惯性而自诩能预测未来。经济学的这种消极特征，与人类经济行为的积极特征也是极不相符的。

但是，就迄今为止的自然学科和社会学科的研究活动来看，我们只能依据已成现实的现象来感觉事物的内在机制，经过不断反复的深入研究将其上升为知觉，确定为在一定历史阶段内的相对真理。而西方经济学作为一门以人类社会经济活动为研究对象的学科，当然不出其外。由于人的经济行为随着其对经济活动规律的理解、随着人的个体和群体需要的不断变化而变化，经济学的结论就不可避免地带有时限性，再加之经济学本身在前提上的虚设方式、在研究方法上的随意特征和在结论方面的免疫性，经济学的危机遂成必然。因此，我们认为，经济学存在的意义只有在这样的形式下才能变成现实，即通过直接以人的需要为对象的研究，提供关于人类经济思维方式存在和发展形态的总结和预测，由此提出在未来的一段历史时期内应当实现的经济目标和为此而应采取的行为方案；而不是依据过去的经济现象，在假定人类社会不再进步的前提下而做出未来必然如此之类的结论。

从经济学的终极来看，经济学对经济时序发展的研究不应以解释其过去轨迹形成的内在机制为最终目标，而应面向未来，去指导此后的社会及个人的经济活动。在此，存在这样一个问题，就是经济学所要做出的结论到底是纯事实的描述，还是带有道德判断的说明。这决定了经济学能否指导未来经济活动。对此，早有戴维·休谟在其《人性论》中就提出了"人们不能从'是'推断出'应该'"的命题。这个命题因严格地区分了事实领域和评价领域而被贴切地命名为"休谟的铡刀"。依据这个合乎逻辑的区分，经济学如果是它所一直强调的"对客观事实的归纳总结"，那么就不能用以指导以主观能动性为根本特征的人的行为方式，只能如美术馆里的精美展品一样作为人类完成的一个成就以供欣赏。但如前所述，经济学的存在意义就在于指导经济活动，而人类社会的意愿从来就不是重复过去而是创造未来。因此，经济学必须放弃只研究经济现象以标榜"客观性"的旧习，展开双臂去拥抱"主观能动性"的世界。

综上所述，经济学的终极就在于指导人类经济行为来最大限度地满足人类个体和群体的各个层次的需要。因此，它的出发点就必须从研究人类社会的经济行为规律出发。由此而诞生的经济学，不应只是追述过去，而应着力于为满足人类日新月异的需要而创造未来。

第四章 现实的证明：农业中心社会

农业中心社会，是指农业部门相对于手工业、商业等其他产业部门在经济发展过程中发挥主要牵引作用的经济社会。相应地，在产业结构上，就是农业作为主要产业部门，其比重的增长与经济增长之间存在着必然因果关系的经济社会。农业中心社会的产业结构趋势为：农业在主导地位上波浪式前进，手工业长期低缓发展，商业随农业的起伏而涨落。

在此，我们选择中国和日本作为考察农业中心社会产业结构演进形态和内在机制的主要实例。这是因为：中国农业中心社会最为繁荣，达到了世界农业中心社会的巅峰，堪为农业中心社会的典型代表。同时，中国的农业中心社会也最持久，历时数千年，从而为其产业结构的长期趋势、波动性和循环性的考察提供了最佳素材。相比之下，日本农业中心社会的繁荣程度远逊于中国，但作为较为典型的一次循环式农业中心社会，不无考察意义。而且，在近代落后于中国的条件之下，日本从农业中心社会迅速转向了工业化，并实现了跳跃式发展，这使我们更有必要了解其农业中心社会是否有其特殊性。至于欧洲的农业中心社会，主要特征为畜牧文化，其农耕生产技术的进步本不及中国之层次分明和丰富多彩，而畜牧方面的发展也非其走向工业化的底力。确切而言，欧洲的工业化是靠掠夺起家的，当然"每个毛孔都滴着鲜血"，不能真实地反映产业发展自身的力量，也就不足以作为我们研究的标本。

第一节 产业结构演进

一、农业部门是经济的中心

通过本章的考察，我们将看到，经济社会总是在由低向高不断进步着。但这一过程并非总是一帆风顺的，表现在产业结构上就是一个经济社会的中心产业部门的生成、发展、演进和转移。这一过程，就是一定历史时期内生产力、生产关系和社会物质精神需要之间矛盾的产物，是产业技术体系进步过程中量变和质变的反映，是社会发展必然性和偶然性相互作用的结果。

生产力和社会物质精神需要都是在不断发展着的。而且，自社会分工形成以来，最基本的物质需要在一定程度上已经能够得到满足，使物质需要本身表现出向更高层次发展的倾向。从这个意义上说，自手工业从农业中分离出来之后，社会需要一方面要求农业继续发展，另一方面则进一步要求手工业扩大，即要求经济中心向手工业转移。在农业生产相对稳定时，这种倾向就会明显地表现出来。

然而，农业生产力尚很低下，往往在没有天灾人祸时也只能满足最基本的物质需要。因此，这种中心产业向手工业的转移，与自然的和人为的因素结合在一起，就必然使农业凋敝，使最基本的物质需要无法充分满足，危及社会安定。正因如此，通常需要生产关系因素介入其中，进行干预，制度性地将中心产业地位赋予农业。

作为中心产业，农业生产力的进步与否、速度如何，就决定了社会经济的荣衰。但在这时，农业生产力的基本特征是，水平低下且发展缓慢，缺乏质的飞跃。因此，在不受外来因素干扰的情况下，农业部门通常是伴随着生产力的缓慢上升而逐步发展的，但在达到一定程度之后，社会需要重心必然会向更高层次转移，这就必然会冲击、侵蚀农业生产。这种必然性和天灾人祸等偶然因素结合在一起，便使得农业生产力的缓慢上升过程被一次次地冲断，使之下落。而后，在重农政策的扶持下，农业才能重新回升。这就形成了农业部门乃至农业中心社会起伏涨落、螺旋式发展的特征。中国就是典型的例子。

在某些经济中，一方面天灾人祸等偶然性因素较少；另一方面农业生产力水平也不足以带来较大的商业化、工业化。农业部门的发展过程相对而言受到的冲击要少，虽然仍有波动，但总体上相对平稳，通常会表现出由低向高逐步发展的过程。日本就是这类国家的代表。然而，无论这种起伏是否显著，在农业生产力能够较为有力地克服自然条件和人为因素的干扰，较为充分地满足基本物质需要之前，农业是不会退出其主导地位的。当然，农业生产总是必然地被打击，总是必然地出现许多短暂的回落。但是，这种衰落不过是其发展过程被外来因素冲断的结果，绝不意味着中心产业由农业向商业或者手工业的转移。中国的历史就雄辩地证明了这一点。

二、中国农业社会的长期固着

中国农业社会经历了两个大的循环：其一，周建制，秦改制，沿袭至汉为盛，至三国两晋而衰，到南北朝则农本的经济制度殆废；其二，北魏恢复农本制度，隋唐沿用而盛，至明中末期则商业化趋势加强，但入清后社会制度倒退，经济受到抑制，农本不盛，商业受制。数千年间，中国农业社会在"农本商末"的制度主导下展开，虽有个别阶段不抑商，但并不改变以农为本的基本特征。社会经济的商业化趋势实不过生产发展所必致，是社会生产冲破封建阻力的结果。总的看来，中国经济的商业化缓慢、反复而漫长，原因甚多。

其一，朝代更迭频繁，战乱连发，且常是落后民族以武力入主先进民族，已发达的文化不得不回过头来同化落后文化，结果一朝一代不过是先降后升的螺旋式循环，几无前进。

其二，与此相关，落后民族当然不谙农政，汉族重握江山之时，也往往久历战乱，经济凋敝，了无基础可言。故每朝新立，必制取前朝。成前朝之盛，即此朝之志。遂成"守旧循古"思想，思维、行为模式皆"定格化"了。

其三，长期的"重本抑末"政策，与自然经济坚固结合，最终限制了工业的发展。从市场因素来看，一方面，民多依自给，造成市场狭小；另一方面，官府贵族作为主要市场，其消费益大，库府益虚，国势益危，故往往极盛之后，必致崩溃。从资本因素来看，工商业因利润多受盘剥、社会动荡，也往往转向土地资本、高利贷资本，遂乏长期经营目标和资本再投入。从技术因素来看，一方面，手工业者各守其技，每遇战火，工匠则成兵家官府所必争，强令随营听用，战胜则屠于守成，免为后患，兵败则死于预防，免为他用，最终总是人亡家破，技艺失传；另一方面，在守旧、愚民思想之下，虽有四大发明问世，却不能善用。从人的因素来看，一方面，士农工商，世代相袭，在一定程度上阻止了工商业扩大；另一方面，长期的"学而优则仕"政策，将推进技术进步的可能性转变成为宣扬诗书文章的现实，终数千年，务技术革新者寥寥可数。

其四，在意识形态上，法家抑商贾，道家厌奇巧，而儒家则为统治者片面强调重忠恕而耻言利，这些都决定了中国虽有光辉的哲学思想，却排斥技术的进步。

最终，随着鸦片战争等一系列自卫战争的失败，清廷迫不得已通过"洋务运动"迈出了中国尝试工业化的第一步。

三、学习者——日本

相比之下，日本虽然整个封建社会都在中国影响之下，都是通过从中国引进科学技术、社会制度来展开的，因而其在社会性质上与中国极为相似，但其作为后进者、学习者的地位又决定了其与中国的不同。

其一，日本的历史与中国相比并不长，战乱、朝代的更迭亦不及中国频繁。更为重要的是，日本作为单一民族的海上岛国，在当时科学技术尚不发达的情况下，不存在外来民族侵略、入主的可能性，成吉思汗曾一度进攻，但败于海事。因此，尽管有朝代更迭，但日本却不至于因此而改变其社会经济制度，遂得以保持其经济社会的基本趋势而不受大的影响以至于经济、社会制度后退。

其二，日本作为后进的学习者，其社会制度的演变过程不是为追求前朝繁荣而固守旧制，而是为追求像中国那样的兴盛而引进中国先进的社会制度。因而，其思维模式、行为模式皆不抵触革新，当然也没有中国那么严重的"定格化"倾向。

至于其他方面，如"重本抑末"政策、社会等级制度、科举制度等，日本皆取自中国，当然其对经济的作用也与中国不二。意识形态方面，日本对中国的儒、道、佛教思想更是生吞活剥，虽然个别情况下由曲解面生歧义，进而又有新说，但终不过释义学问，故其于经济社会的影响亦不会好过中国的情况。总的看来，日本在封建社会时期，无论社会制度还是经济发展一直都在中国之下。其后来的经济起飞、膨胀，关键在于工业化起步阶段中日两国的内外前提条件的不同。

纵观农业社会，中日两国的产业结构演变极为相似。其基本特征是，都以农业为经济社会中心，商业随农业经济的发展而盛而衰，手工业则一直处于被抑制的从属地位。所不同的是，中国有四次循环，而且每一循环之中，又有每一朝代更迭所带来的小循环，这种小循环起伏虽然不大，但对社会经济的破坏作用也不小；日本则只有一次循环，即从大化改新至明治维新。不难看出，抑商是两个农业社会都具备的特点，而造成中国从农业社会向工业社会转变迟缓和落后的原因在于，中国封建社会对思想的束缚和对手工业的奴役较为严重，相比之下，日本对思想的束缚则较弱。

第二节　中国的例证

一、四个历史阶段

中国的农业中心社会有着漫长的历史和多次的起伏波动。总体上，从农业地位而言，这一过程有两个大的循环周期。而从产业结构观之，这一过程包括以下四个历史阶段：

（1）产业生成至东周战国末期的不抑工商阶段。中国产业生成和实现专业化分工的时期，由于资料所限不知其详。据考古成果，中国的农业非常有可能是独自发展起来的。长江流域发现了9000年前的稻谷遗存，湖南道县发现了10000年前的古老栽培稻遗存，华北地区则发现了距今10500~9700年的粟、距今7000年左右的黍的遗址，而在华南地区则有距今10000年左右种植块根类、果树类植物的园圃式农业遗址。由此可知，距今12000~9000年的新石器时代初期，是中国农业的发生期。长江下游扬子江畔草鞋山遗址表明，到距今6000年左右的时期，中国已有相当发达的水田耕作文化。而手工业和商业也早在殷商之前就已存在了。及入周时，由于手工业、商业的发展尚弱，所以封建诸侯不加禁止，甚至偶有推奖。于是农业有进，工商咸兴。至战国末年，由于农业生产不堪频繁战事的征赋盘剥和商工的侵蚀，不抑工商阶段告终。

（2）公元前3世纪后半期商君变法至公元5世纪南北朝中期的农业中心阶段。战国末年，秦之商鞅推行奖农抑商，不仅为秦并吞六国奠定了基础，而且为历朝统治者提供了成功典范。商君之法在秦、汉之后一直被继承下来。因此，农业在制度性的推奖之下有了巨大发展，但是后受商工侵蚀、战乱冲击，北方遭受外来游牧文化打击，南方农法与中原农法相比更是远远落后。至南北朝时期，农业已至崩溃边缘，迫使制度要素再次进入产业结构调整之中。

（3）公元 5 世纪末期北魏均田至公元 14 世纪金元时期的农业中心阶段。北魏太和九年（485 年）立均田之制，农业中心制度遂得再建。魏分东西，旋有北齐、北周、隋唐继之，皆行均田。其中，唐的均田推行时间较长。唐末，均田制无形消亡，以后土地私有则成定制。但赋税制度一直以农为本，故农业中心制度至宋一直延续着。然而北魏至隋，仍以战乱为主，加之外族入主，不谙农政，故至唐宋方为此期农商工业的繁盛时期。及至北宋末年，再次出现商工侵蚀农业的现象。随后有金元外族攻掠，农业再次遭到了外来游牧文化的打击。

（4）明之后的农业商业化阶段。14 世纪中后期明代元起之后，初有奖民垦田之策，重建了农业中心经济。后随经济发展，经济制度转向以农为主、兼重商工。嘉靖十年至崇祯十年（1531～1637 年），推行了"一条鞭（编）法"，税制由对人税转向对物税，由实物税转向货币税，在相当程度上促进了商品经济的发展。农业经济出现了商业化的契机。然而，皇族亲臣内监广置庄田之风渐盛，破坏了农业生产。加之女真族再兴关外，李闯义军在内，军饷搜刮更益其危，遂终崩溃。中国又陷入落后民族入主先进民族时代。

清的租税制度兼有劳役、实物、货币地租，其中实物为主，占 50% 以上。经济制度由此重归重农抑商取向。但农业已有一定基础，必然要求商工业的支持，从而带动商工业的振兴。清出于害怕汉人富足将推翻其统治的恐惧感，制度性地重农抑商，特别是其"海禁"政策，实质上是抑商且抑农，中国因此失去了推进农业商业化、工业化的良机，最终不敌外强，被迫在重压之下迈向工业化。

总之，上述的每一阶段都是一次农业发展、商业和手工业随之繁荣而渐渐危及农业，导致社会动荡、国势转弱，后为外族攻掠，农废商衰的过程，从而构成了中国漫长的农业中心社会一次又一次的荣衰循环。这一漫长的历史进程使得中国农业中心社会的产业结构演进形态带有两个明显的特征：第一，以农业为中心，农业的繁荣期就是整个经济社会的发展期。第二，农业、商业表现为交替涨落的波浪式循环发展，手工业表现为长期的低缓推进倾向。在此，我们对三个产业的发展过程做一概要介绍。

二、农业的波浪式起伏

中国农业社会时期的农业发展呈现波浪式起伏前进的特征。在从殷商到晚清的三千余年历程中，农业生产表现出四个高峰期。

第一次高峰期，是东周战国时期。在春秋战国之际，已出现犁耕和灌溉。进入战国后，铁犁盛行，开始使用牛耕，且已使用人畜粪及绿肥，同时水利灌溉也很发达，水利（水工）、园艺也已从农业中分离出来了。

第二次高峰期，是两汉特别是前汉时期。首先，农业工具和技术有了较大进步，如耦犁、耧犁的发明，区田法等的使用，大大提高了耕地、播种的劳动生产率和土地的利用率、粮食产量，但是农业技术推广不一。其次，水利事业在两汉时期得到较大推进，但是后汉水害频繁，使农业生产受到较大打击。

第三次高峰期，是唐宋时期。唐在农具上无特殊进步；水利灌溉继续发展；作为副业，养蚕业及茶业开始兴起。从宋至元，农业进步主要表现在三个方面：其一，南方采用各种方法与水争田，扩大了土地面积，同时带动了水利事业的兴盛。其二，灌溉用具上，脚踏水车、水力筒车已相当普及，北方的井水灌溉方法也有进步。其三，种棉业的发展。棉布虽在三国时已传入，但至唐时仍为异邦殊物，入宋之后，东南闽岭一带种棉者渐渐增多。

第四次高峰期，是明中期至清中期。明时，农法、灌溉继续演进，棉的种植渐渐扩大，至晚明已普及全国，且选种技术也有进步。清代农业的主要进步表现在：在农艺上，深耕、选种、复种、施肥技术已相当发达；集约化经营在人口激增的背景下得到推进；高粱、玉米、番薯等新粮种的引进推广，大大缓解了用地的紧张；棉麻等经济作物也有较大发展。

总的看来，春秋战国时期、两汉时期、唐宋时期、明中期至清中期这四个农业的高峰期，都相应地带来了整个经济社会的繁荣，表现出了农业中心的基本特征。

三、手工业长期低缓发展

中国农业社会的手工业虽然在技术和分工方面不断进步，但从产业结构看，表现为长期低缓发展的趋势。

周时，手工业已从农业中独立出来且分工极细。其中，冶炼技术已臻相当之境。春秋时出现了铁制农具，战国时冶金术有较大进步，铁器也逐步推广，此后冶炼技术无能过者。汉时，手工业分工更细。在工艺上，有陶器、铜器、漆器。此外，机织业如陈宝光妻织锦，三国时马钧改良织机至十二蹑，奇文易变，阴阳无穷。后汉蔡伦发明了造纸术，其意义之大，无须伸笔。唐宋以后手工业发展最显著的表现是，机织手工业开始从农业家庭中分离出来和瓷业的高度发达。

棉在三国时传入，棉织业自元、明两代提倡种棉后也独立了，且有染业随之发展。清代废除了匠籍制度，在一定程度上促进了手工业中资本主义萌芽的产生。此外，明、清有官营手工业，完全采用雇佣劳动，用料以"时价"购买，对商品经济也有一定促进。但是，清廷对纺织工场规模限制极为严格，机户不得逾百张。康熙时期开禁，至道光年间，遂有开五六百张机者，带动了商业资本介入织业之中，且有商业资本渐渐向产业资本转化。

在瓷业方面，自隋、唐之后有较大发展，宋时已有多处名窑。入明后北方名窑为金人蹂躏，皆转衰落，景德镇才成为瓷业中心。在生产技术上，明时发明旋坯之车、吹釉、上下烧火窑法。清前中期，制瓷技术又小有发展，且开始批量生产。晚清时，分工更细，不准兼营，造成经营规模分散、过小，手工工场制度形成缓慢。

此外，晚清时期，印刷业、冶铁业、茶烟酒油糖业、铜煤盐船业均有相当发展，且有资本主义萌芽出现。

四、商业与产业交替涨落

中国农业社会时期的商业发展，表现为与农业的交替涨落循环：通常先是随着农业发展而渐进，而后商业的高涨与农业的衰落并存，在随后的社会动荡和战乱影响下，比重又回落至谷底。

商业在春秋晚期渐渐独立。战国时期，商业开始繁荣。原因在于：一方面，战国时期的农业和手工业都有长足进步，使可供交换的剩余产品增加了。另一方面，春秋时期诸侯必须"先朝后市"，而战国时期则已无此约束；城市化带来市场的兴起；战国时期出现了金本位制，且铸币权掌握在商人手中。

秦汉时期，尽管抑商政策被沿用下来，但商业仍在发展。其一，秦统一后关津皆废，为物流创造了良好条件。其二，农业的稳定发展使孝惠高后时，即弛商贾之律。其三，入汉后市制已确立，管理严整。其四，官商结合。商贾结官，既可招揽最大消费阶层，又可抑压小商平民；同时，官吏也多经商，军队也设军市。

入唐以后，伴随农业、手工业的恢复和交通的发展，商业管理制度渐渐放宽；且有贵族地主、官府参与经商，推进了商业的发展；同时有最早的支票制、汇兑制出现。

宋代，由于内外水运的改进、政治中心的转移、农业和手工业的起伏而使商业有较大涨落。市制自北宋中期之后基本废除，交易不限市区，不分昼夜。在海路对外贸易方面，五代时期就通过招徕海贸收获了较大商利，宋承袭了这一做法，使对外贸易发展较快。

明代，"一条鞭（编）法"在相当程度上促进了商品经济的发展，使农业商业化出现了契机。只是由于倭寇袭扰，政府施行海禁，使海上贸易转向衰落。

清初，清政府出于害怕汉人富足将推翻其统治的恐惧，制度性地抑商。至雍正时，虽然倡导以农为本，但对工商业采取了不倡不禁的政策。这一方面是由于农业生产较为稳定，商业化已是大势所趋，另一方面也是为了满足自己奢靡所需。但这一政策的基准是不危及统治，为此清廷在中国台湾尚未降服之前施行了海禁政策。及台湾归清后，康熙二十三年才开海禁，但规章繁杂，对重要手工业和农副产品禁限极严，丝、铁、造船这些商业化潜力极大且对国民经济有重要地位的产业就长期处于压制之下。

内陆贸易方面，专业性商业城市大量出现，如丝绸之都苏州、杭州、江宁，瓷都景德镇等。同时，也出现了钱庄、票号等金融机构。商品主要有棉花、棉布、蚕丝、丝织品、瓷器、烟草、盐、铁器等原料和消费品，而且贩运数量大、路途长。

总的看来，自明代以后，农业已有足够的剩余支持手工业和商业的发展。但是，清政府的腐败和狭隘使其固守"重本抑末"和"海禁"等政策，阻碍了经济迅速走向商业化、工业化。

第三节 日本的例证

一、产业结构的演进

日本的农业中心社会，是在引进中国农业、手工业技术后，制度性地确立起来的，后随着农业发展，商业化日益加强，在内政力行、外患强压之下转向工业化后，即告结束。这一过程具体包括：①农业的起步和上升时期：公元前2世纪弥生时代从中国导入农业至7世纪。②农业的高峰时期：7世纪中叶导入中国经济制度至16世纪战国时期。③农业商业化时期：16世纪末推行"小农自主化"至明治之前，农业既得推进又受侵蚀，在比重上趋于降势，而后转向工业化。

日本农业中心社会产业结构演进形态的基本特征如下：首先，同中国一样，农业占据主导地位，农业的繁荣期就是整个经济的发展期。其次，农业发展表现为由低到高，再由高到低的过程；手工业表现为长期的平缓发展；商业趋势则是由低渐高。在此，我们对三个产业发展过程做一简要介绍。

二、农业占主导

日本最早的绳文时代，其早期为几千年前日本旧石器时代，晚期是我国秦汉之际。此时，虽有原始性农耕文化的假说但尚没有严格意义上的产业，[①] 然而从总体上看，不过是植物采集的延长。[②]

弥生时代（公元前 300 年 ~ 公元 300 年），日本从中国导入农业。公元前 2 世纪秦朝前后，由中国传来的新的文化给日本带来较大影响。[③] 公元前 108 年西汉武帝设乐浪、玄兔、真藩、临屯四镇于朝鲜之后，这种影响更大。借助于此，日本由原始采集经济一步进入灌溉农业经济。由于需要同一水域的共同管理，所以其原始共同体形态也并未解体，相反在更高的生产形态上固定下来了。

7 世纪中叶，中国关于中央集权国家的管理方法传入日本。646年，日本效法北魏及隋唐建立"律令体制"，推行班田收授法和租、调（布帛或乡土特产）、庸（劳役）的租税制度，由此确立了农业的中心地位。

日本农业由于从中国引进了新的技术和豪族推进，铁制农具普及，农具种类也渐渐增多；育苗插秧方法也很普遍，牛马广用，灌溉设施也逐步发达；农作物种类渐多，形成了以稻米为中心的农产品结构；养蚕也由宗族传袭发展。

自 8 ~ 9 世纪平安初期时始，至 16 世纪后半叶，日本的农业生产基本上是在共同体的地缘组织形式下、在小农经营自主化的基础上展开的。这种对低下的农业生产力的适应，使日本农业在经济中的地位进入了高峰期，直至幕府中期。

从生产技术上看，耙、镐等新工具出现，铁农具已相当普及，牛耕渐渐普及至一般百姓之间；土木、灌溉技术有了一定进展，已能制

---

① 藤森荣一. 绳文农耕［M］. 学生社，1970.
② 都出比吕志. 农业共同体与首长权［C］. 讲座日本史1. 东京大学出版会，1970.
③ 山口和雄. 日本经济史［M］. 筑摩书房，1973.

造较大的堰堤，水车成为主要灌溉用具；已开始使用厩肥等农肥；麦与大豆交替栽培的"二毛作"形式已相当普遍，甚至还出现了麦、大豆、荞麦的"三毛作"；茶自奈良时代（公元8世纪前后）引进而来，在此阶段已普遍栽培；养蚕也持续发展，但在中世中期以后，由于绢布不须纳贡，养蚕业便走向衰退；而麻类作为农民的主要衣料已普遍生产；棉花被引进来；各种地方特产作为商业性作物发展起来；耕地面积也不断扩大；延展年间（920年）至庆长年间（1600年）增长了1倍。从劳动生产率来看，室町中期与后来的幕藩时代已无太大差距了。

进入幕府时代之后，由于推行"小农自主化政策"（一地一作主义）和"兵农分离"（世袭身份等级制度），农业在制度性的专业化推进下有了一定进步，生产工具和粮食品种有所改良，并向劳动力密集型方向发展，通过多投入劳动力实现了集约经营。于是，农业剩余开始出现，促使农民参加到领主的流通体系中，渐至由次向主，占据农户生产的中心，使整个经济呈现商业化的倾向。同时，农业内部分工在不同地域间展开，特定商品作物产区形成。特别是产棉地区的增加，更加扩大了农户的经济剩余，促进了农业的商业化。而且，由于农民对产品的实质占有量增大，使农民对土地的占有权也渐渐扩大。

幕府晚期，农业的商业化使生产重心转向经济作物，粮食生产受到侵蚀，人口停滞甚至减少，农业地位趋于下降。

三、手工业为从属

日本的手工业也是从中国导入的。公元4世纪，大和朝统一日本，建立部民制，其中的"品部"就是由流亡日本的中国人、朝鲜人组成的手工业团体。导入伊始，手工业者就处于为指定消费而生产的奴隶地位。而且，由于所造多为王室用器或兵器，不可能有大量交换，所以仍须兼工兼农，工从于农，这更加强化了手工业对农业的从属地位。

7世纪后期的"律令制"时期，手工业虽有所发展，但在制度上仍然被固定为农业的附属。

中世时期，手工业仍未从农业中彻底脱离，也未从对官府的附属中解放出来。大多数自用的手工业产品是农民自己生产的。而专业的手工业者则或直属于幕府或寺社之下，或在庄园内边事农耕边为领主服务。少数独立的手工业者，通过服劳役或纳贡于寺社、领主来得其庇护，后逐渐发展到在城市、庄园中或一定区域中拥有一定的垄断性营业权或产品销售上的各种特权。此后，一般手工业者也渐从此道。至14世纪室町时代，形成了座制，手工业的附属色彩渐渐淡化，商品化生产渐渐发达。到了战国时期，由于大名势力取代了领主和寺社，商品经济也不断发展，座制渐渐解体。

幕府中期，农村手工业也开始出现资本主义萌芽形态，并在质和量上均以压倒城市手工业的优势发展。在此，年贡制度对地方特产发挥了一定的推动作用；同时，全国交通道路在参觐交代制度的推进下不断发达、商业网络在全国形成、全国规模的市场经济体系初具规模等也是必不可少的因素。随着农村小生产的发展，这种资本主义萌芽迅速分化为两种类型：其一，在大量小生产者的竞争中形成的早期资本主义手工工场；其二，商业资本通过组织，逐渐支配小生产者、小经营者的生产过程而形成的批发商式家庭手工业。

四、商业由弱变强

日本原始商业系伴随上述农业、手工业的发展而起，远及中国，以贡代贸；近则国中有市。"市"不过是交换之所，此时的商业尚在初步阶段。

律令制下，商业由于市制的整备也有发展。由于取法中国，日本在货币制度上一步跳到了以铸币为通货的阶段。

8世纪平安时期至幕府之前，日本商业也有一定发展。定期集市渐趋频繁，甚至有每日市出现。交换最初在生产者与使用者之间进行，不久专业性的商人阶层（市人）出现了。市人多拥地自耕，或从事手工业，还未彻底独立。此后，商业城市随之兴起，成为各地定期市的中心，渐渐形成统一的商品流通网。中世末期，专业性的商品市场也出现了。批发商人也从仓储保管、运输起步，逐步成为独立的货物贸易兼运输者。此外，商人也结座寻求领主、寺社的保护，获取销售特权，在某种意义上与手工业的座尚未彻底分离。

这一时期的海外贸易，主要是与宋、元、明之间的贸易。货币经济在引进中国铜钱的基础上有了较大发展。随着私铸钱币渐多，通货量大增，贡纳也出现了货币化的倾向。高利贷业者从仓储保管业起步，发展为典当业，同时经营酒店、酱坊，积累了大量货币资本，甚至夺占土地，把持代官取禄的大权。

幕府时期，商人最初只能是以领主层为对象，买贡米、卖手工业品。但是，随着农民剩余产品的出现和增多，以农民为对象的、由农民兼营的商业也出现了。部分农民通过加工、贸易周围农民的剩余产品而不断扩大积累，成为"豪农"。自己不再参与直接的生产经营，而通过对耕地的私有来占有农民的全部或部分剩余劳动的"寄生地主"也出现了。由于大势所趋，1744年幕府决定撤废一切有关土地买卖的罚则，耕地买卖完全自由了。商人承包新田得到了积极的推进，并有许多雇工方面的法令问世。不难看出，这一阶段的商业化已带来了资本主义的萌芽成分。

第五章 现实的证明：工业中心社会

工业中心社会，是指工业部门相对于农业、商业等其他产业部门在经济发展过程中发挥主要牵引作用的经济社会。相应地，在产业结构上，工业中心社会就是工业作为主要产业部门，其比重的增长与经济增长之间存在着必然的因果关系的经济社会。这一阶段的产业结构趋势为：工业在主导地位上波浪式前进，农业长期低缓发展，商业随工业的起伏而涨落。

在此，我们选择 19 个国家作为主要考察对象，可以看到这些国家基本上都属于典型的工业中心经济；而更为重要的是，它们都是通过工业部门高速发展带动整个经济跳跃发展的。这一点，对于理解工业部门在产业结构中的波动与经济增长之间的关系意义尤大。

第一节　产业结构演进

工业中心社会同农业中心社会一样，其中心产业部门的生成、发展、演进和转移，都是一定历史时期内生产力、生产关系和社会物质精神需要之间矛盾的产物，是产业技术体系进步过程中量变和质变的反映。

但是，工业中心社会与农业中心社会相比，社会环境条件已发生了巨大变化。自第一次工业革命以来，整个世界经济已被机器大工业生产联结为一体。每个国家的生产力、生产关系和社会物质精神需要之间矛盾的发展和转变、产业技术的量变和质变，都必须在国际产业结构的大环境之下展开了。

第一，随着农业生产力的发展，最基本的物质需要渐渐得到保障，社会物质精神需要开始出现向更高层次扩大的倾向，而且精神需要有超过物质需要发展的趋势。在此，精神需要必然要以物质需要为载体，因此它的扩大更加要求工业部门的发达，要求工业部门占据经济中心的位置。更为重要的是，社会物质精神需要的扩大是无限的。它总是要靠对自然界的不断开发和利用，靠对能源和材料的不断开发和节约，靠对产品质量、性能的不断改进，靠对劳动力支出的不断节省来满足的，而这些正是工业的职能。所以，工业部门作为中心产业存在的必要性不仅是不断强化着的，而且也是无限的。

第二，从生产力方面来看，工业中心社会是以农业生产力发展到一定程度为前提的。但在事实上，许多经济在远远没有达到这种程度时，就被首先从英国开始的第一次工业革命带入以机器大工业为主导的世界经济体系中来了。因此，在国际产业结构中，这些国家不得不首先充当农业国的角色。而如果要摆脱农业国在国际交换中的不利地位，就必须依靠工业部门的更快发展来实现向工业国的"蜕变"。而要在缺乏农业支持的情况下来追求工业的进步，就不可避免地要求生产关系的介入和推进。日本就是如此。而美国则循着从农业出发的"美国式道路"走入工业化，成为制度性因素介入较少的范例。

第三，在工业中心社会里，工业技术的量变和质变决定了经济社会在波动起伏中不断前进、螺旋式发展。工业中心地位在一国确立起来之后，工业技术体系在量变和质变的速度和力度上都已远远超过了农业。但这并不能从根本上解决其与社会物质精神需要之间的矛盾，相反使之更加错综复杂了。一方面，社会需求超过现有生产力条件的扩大，牵引着产业技术不断进步，同时使生产力总是处于相对落后的状态；另一方面，一定技术体系下生产效率的提高，使生产与社会有效需求之间矛盾更加激化。当矛盾积累至现有技术体系无法解决时，这种矛盾就会爆发，成为产业技术革命的直接动力。社会需求和生产力之间的矛盾关系，就是这样不断推进生产力从量变到质变的螺旋式发展的。

农业部门生产力在工业化的推进下也有了质的进步，但与工业部门相比在深度上和广度上都已十分有限。因而，这给它带来的波动性并不显著。相反，工业部门生产力在一次次工业革命的推动下有了飞跃发展，在相当大程度上已不受自然周期和天灾人祸的影响。那些外在因素所带来的经济起伏基本上不复存在。而且，国家对经济周期的干预也减轻了经济危机的打击力度，开始出现一部分产业处于危机之中而另一部分则仍旧繁荣的"结构性经济危机"。长期来看，经济危机所导致的经济波动也不显著了。

这样，在长期的经济波动中，生产技术体系自身的量变和质变作用就突出出来了。回顾世界经济史，每个工业中心社会的繁荣时期，都是工业部门增长较快的时期，都是工业部门的生产技术体系在工业革命作用下进行变革的时期。许多国家都是依靠工业革命实现了跳跃式发展、后来居上的。

第四，从产业结构的角度来看，生产技术体系在工业革命前的停滞、在工业革命期间的质变、在工业革命后的稳定发展和在下一次工业革命前的停滞，构成了工业部门比重由低向高再渐趋低缓的演变过程。每次上升和低落，都是工业革命过程中必然经过的一个阶段。不管其中低落的时期有多长、幅度有多大，都不会阻止工业革命的必然出现，也绝不意味着工业部门不再是中心产业部门。以日本、美国为代表的世界各国的工业化历程都是如此。

第二节　美国的例证

一、产业结构演进的长期态势

美国因其经济发展早期受到英国的挟制而进入产业革命较晚，但其产业结构迄今为止的长期演进趋势仍然表现出了与英国极其相似的特征。首先，美国第一次产业的长期趋势是比重长期下降，早期也存在过与第二次产业相对应的起伏。其次，美国的第二次产业大体上经历了两个大的循环：第一个循环是 19 世纪 60 年代末到 20 世纪中叶，以吸收第一次工业革命成果和推进第二次产业革命为动力，形成了从 19 世纪末到 20 世纪 30 年代的高峰期，20 世纪 40 年代第二次产业比重的再度提升，则是战争经济的后果，而非经济长波因素所致；第二个循环是 1945 年第二次世界大战结束至今，作为第三次产业革命的主要发源地，美国第二次产业再次由低而高，峰值区为 20 世纪 40 年代中期至 20 世纪 70 年代初。最后，美国第三次产业的长期趋势和英国一样不是一次性的由高而低再高的过程，而是在数值上表现为两个大循环：其一是 19 世纪 60 年代末到 20 世纪中叶，在早期与第二次产业伴生增长后于 19 世纪 80 年代出现峰值，而后一路下降，于 20 世纪 20 年代出现谷值，再升至 20 世纪 30 年代峰值，此后受战争经济影响而下落；其二是 20 世纪 40 年代中期之后，美国第三次产业比重于 20 世纪 50 年代中期降至谷底，而后一路上升至超过 GDP 50% 以上。可见，美国产业结构的长期演进趋势也以事实证伪了克拉克法则。参见图 5 - 1。①

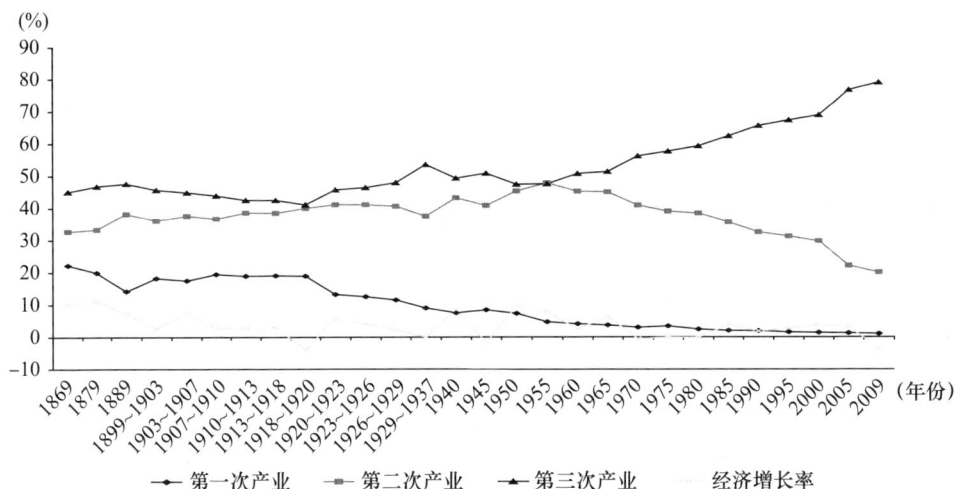

图 5 - 1　美国经济增长与产业结构

二、第一次大循环

早自 15 世纪末期哥伦布发现北美大陆时起，这里的经济就在移民的努力之下有所发展。随着经济的发展，英国的压抑、盘剥使矛盾日益激化。终于，1775 年爆发了美国独立战争，1783 年美国正式成立。

---

① 产业结构数据：1869～1937 年数据源于美国商务部．美国历史统计（第一卷）[M]．斋藤等译．原书房，1987：240；1940～1975 年数据源于 B. 米歇尔．麦克米兰世界历史统计Ⅲ——南北美洲·大洋洲篇（日文版）[M]．斋藤等译．原书房，1985：911，918；1980～2000 年数据源于 U. S. Department of Commerce，Bureau of Economic Analysis，Survey of Current Business（http：//www. bea. doc. gov）。经济增长率数据：1869～1910 年，根据 B. 米歇尔．麦克米兰世界历史统计Ⅲ——南北美洲·大洋洲篇（日文版）[M]．斋藤等译．原书房，1985. 算出（对上一年度，1929 年价格）；1910～1913 年，1929～1937 年分别为各自期间平均值，1940～1970 年为对上一年度比值，源于 B. 米歇尔．麦克米兰世界历史统计Ⅲ——南北美洲·大洋洲篇（日文版）[M]．斋藤等译．原书房，1985：227；1975 年为对上一年度比值，源于 B. 米歇尔．麦克米兰世界历史统计Ⅲ——南北美洲·大洋洲篇（日文版）[M]．斋藤等译．原书房，1985：897；1980～2000 年数据源于 U. S. Department of Commerce，Bureau of Economic Analysis，Survey of Current Business（http：// www. bea. doc. gov）。2000 年以后产业结构及增长率数据均源于世界银行网站，ht-tp：//databank. worldbank. org/ddp/home. do? Step = 12&id = 4&CNO = 2。

此后，在农业方面，1820 年始美国农业发生了技术革命。同时，美国通过没收封建残余土地，向西掠夺和吞并印第安人土地以及通过强行购买和战争兼并英国、西班牙、法国在北美的殖民地和墨西哥的大片土地，实现了土地的国有化和农民对土地的直接占有。而后，几经立法，1862 年林肯签署《宅地法》，终令西部国有土地得以无偿分配，推动了以农业经济大发展为特征的"美国式道路"的完成。

在工业方面，1790 年开始，水力纺纱机、动力织步机等机械冲破英国的阻碍来到美国，引导美国进入产业革命。到 1860 年，北部的工业生产总值已超过了农业；但南部进展较慢，至 1861～1865 年的南北战争之后才有振兴。这样，到 19 世纪 80 年代，产业革命基本在全国结束了。由于美国的后起性，在产业革命末期，作为第二次产业革命的发源地之一，美国以电力产业为代表的新兴产业已经蓬勃兴起。

在产业革命的推动下，美国的工业中心地位渐渐确立了起来。1840 年美国工业生产在世界中占第五位，1860 年上升为第四位，这时英国的工业总产值为 28 亿美元，而美国为 19 亿美元。1894 年美国的工业总产值跃居首位，达近 95 亿美元，为当时英国的两倍多。19 世纪末 20 世纪初，随着垄断的形成与发展，美国工业部门借助托拉斯之力加强了对经济社会的统治。至 1913 年，美国的工业总产值已占世界的 38%，为英国、法国、德国、日本各国的总和，到 20 年代形成了增长的高潮。30 年代大危机之后，美国利用"二战"而大发军火横财，同时强化科技开发，成为第三次科技革命的发源地。

三、第二次大循环

第二次世界大战期间至"二战"后 50 年代后半期，美国一方面扩军备战，强化技术开发和利用；另一方面科技进步带来的超额利润也促使生产者们不断追求新的产业技术。由此，工业部门带动整个经济进入第二个高峰期。这次科技革命改造了煤炭、冶金、纺织、汽车、机器制造、食品加工等传统产业，也带来了一系列新兴产业，如原子能工业、海洋工业、微电子工业等，同时引发消费革命，带来汽车、家用电器等的普及。

　　然而，20世纪50年代之后，美国出于维护冷战体制的目的，大力扶植资本主义阵营国家特别是日本、德国等国的工业进步。这种做法在一定程度上确有推进工业进步的作用，但美国以一国资本、科技乃至市场来支持整个资本主义经济的做法最终使其自食苦果。因为，随着美国工业技术逐渐转向后起的工业国，这些国家的工业部门逐渐成长起来，美国的进口也逐渐转向了利用这些技术生产的更为廉价的工业产品，美国工业部门逐渐萎缩，最终不敌庞大的世界经济压力而导致了1971年"新经济政策"的出台。以美国工业为基础的布雷顿森林体系因而崩溃，美国从此陷入慢性萧条。

　　经过长期的调整，从20世纪80年代中期开始，美国在高新技术产业的牵引之下再度出现了经济繁荣。而此次较为长期的繁荣，从根本上看，就是工业部门通过工业革命、革新改变了原有的生产体系，从而获得较快发展的结果。从产业结构的角度而言，其表现为工业部门停止了长期以来的下降趋势，保持了较高比重，由此遏制了服务部门比重的上升。但也不难看出，随着服务部门的微弱上升，整个经济的实际增长率也开始微减。

　　总结这一历程，可见美国的产业结构演进特征是：①经济发展较快的时期，也正是工业部门在国民经济中的比重不断上升的时期。这时，农业的作用为生产效率更高的工业部门所取代，发展趋势转向缓慢地下落；服务部门在辅助工业部门运行的意义上，随着工业部门的发展而发展，比重随工业部门的高下而升降。②从长期来看，在一次又一次产业革命的推动之下，工业部门呈现出波浪式起伏发展的特征。当然，由于服务部门对工业部门的从属性关系，波浪式前进的特征在服务部门也有表现。

第三节　加拿大的例证

加拿大国土辽阔，水力、林业资源丰富，矿产资源也较多。早在"一战"期间，加拿大为协约国提供军需品，刺激了有色金属部门的发展，但随着战争结束而陷入危机。1929 年资本主义世界性危机爆发之际，加拿大也未能幸免。进入"二战"之后，加拿大在军需刺激之下再度繁荣，并在对外经济关系上实现了"脱英入美"，为战后的发展奠定了重要基础。

"二战"之后，加拿大赶上了资本主义世界经济大发展的浪潮，获得了较快的发展。1950 年加拿大的国内生产总值为 174.8 亿美元，人均 1272 美元，相当于美国的 68%；1982 年加拿大的国内生产总值达到 2996.8 亿美元，人均 12167 美元，基本赶上了美国的人均水平，成为西方七个主要资本主义国家之一。但在石油危机之后，加拿大经历了长期的"滞胀"，在 20 世纪 80 年代初又陷入严重的经济危机，1983 年之后才开始恢复。直到 1990 年 9 月，加拿大经济保持了九年左右的经济增长，构成了战后最长的一次经济扩张时期。在这一过程中，工业部门一直发挥着主要牵引作用，在产业结构上保持了较高的比例。1992 年之后，加拿大经济重新开始增长。但是，此次工业部门比重并未能保持上次增长时期的相对稳定，而更多地表现出了下降倾向。参见表 5 – 1。

表 5 – 1　加拿大经济增长与产业结构　　单位：10 亿加元，%

年份	GDP	农业部门比重	工业部门比重	服务部门比重	GDP 增长率
1973	344.56	3.6	35.8	60.6	—
1975	365.63	3.3	32.3	64.4	2.1
1978	419.56	3.1	31.6	65.3	4.3

年份	GDP	农业部门比重	工业部门比重	服务部门比重	GDP 增长率
1980	440.98	2.9	30.9	66.2	1.3
1983	456.54	3.1	29.6	67.3	3.2
1985	508.45	2.7	30.5	66.8	4.7
1988	573.39	2.5	29.9	67.6	4.9
1990	585.77	2.8	28.8	68.4	−0.3
1993	591.43	7.0	26.5	66.5	2.3
1996	—	7.1	26.7	66.1	1.6

注：1990 年前为 1987 年价格，1991 年后为 1986 年价格。

资料来源：日本银行国际局，《国际比较统计》。

第四节 墨西哥的例证

墨西哥地处北美大陆南端，蕴藏有石油等丰富矿产资源，有"多宝羊角"之誉，同时农林畜牧资源种类也很多，渔业资源甚佳，发展潜力很大。

墨西哥经济在 20 世纪 50~80 年代，年均增长率一直保持在 6%~7%。这种高增长的实现，主要是通过工业部门的增长和农业部门在工业部门支撑下实现的农业现代化来完成的。其第二次较为长期的增长是在 80 年代中期之后，同样也是依靠工业部门增长牵引的。

如前所述，在 50 年代至 80 年代初的 30 年间，墨西哥实现了较快增长。这一过程，在政治方面有政局稳定作为基础，在经济方面，工业部门的增长成为主要的牵引力量。从产业结构来看，1950~1980年，农业产值在国内生产总值中所占比重从 20%下降至 9.3%；工业部门则有较大增长，仅制造业比重就从 17.8%上升至 24.1%。由此，墨西哥由落后的农业、矿业生产国和出口国逐步发展为经济结构多样、门类比较齐全的新兴工业国。20 世纪 80 年代初期，墨西哥债务问题暴露出来。1982 年 8 月，墨西哥宣布无力偿还到期外债本息，经济从此陷入长期危机和萧条之中。经过紧缩财政、控制通货膨胀、调整产业结构、刺激私人投资、扩大对外开放和提高经济效益等一系列政策调整，实施各种经济社会发展计划，墨西哥经济趋于稳定。80 年代中后期，由于债务谈判取得成效，墨西哥的资信程度开始恢复并有所提高，外资开始流入墨西哥，墨西哥经济再度显示活力。此次增长也是以工业部门的增长为主要动力的，这一点从工业部门比重在产业结构中的变化就可一目了然，参见表 5-2。

表 5-2　墨西哥的经济增长与产业结构　　单位：10 亿比索,%

年份	GDP	农业部门比重	工业部门比重	服务部门比重	GDP 增长率
1973	115.29	10.4	35.3	54.3	—
1975	129.25	9.7	35.5	54.8	5.7
1978	150.52	9.6	36.3	54.1	8.2
1980	178.22	8.5	37.4	54.1	8.4
1983	184.55	8.7	35.1	56.2	-4.2
1985	196.59	8.7	36.2	55.1	2.7
1988	195.26	8.3	36.4	55.3	1.0
1990	210.54	9.0	37.6	54.4	4.2
1993	225.63	7.6	37.3	55.1	0.4

注：CDP 增长率为该年度 GDP 与上一年度的比值。

资料来源：日本银行国际局，《国际比较统计》。

第五节　英国的例证

英国是第一次工业革命的发源地，是世界上最早进入工业社会的国家。我们从英国的长期产业结构演变趋势来考察，可以发现英国产业结构的长期趋势并非克拉克所描述的那样由第一次产业为主向第二次产业为主再向第三次产业为主的继起式的。具体而言，第一次产业呈现长期下降趋势，仅在工业化初期有与第二次产业相对应的短期波动，对此，可以视为工业社会初期第二次产业尚未占据主导地位的一种反映。第二次产业则非一次性地由低而高再低的过程，而是在工业革命的推动下，经历了三个大循环过程：其一为 18 世纪中叶至 19 世纪中叶，其间包含第一次工业革命时期，其峰值在 19 世纪 20～30 年代工业革命繁盛的阶段；其二为 19 世纪中叶至 20 世纪中叶，其间包含第二次工业革命时期，其峰值在 20 世纪初叶；其三为 20 世纪中叶至今，其间包含第三次工业革命时期，其峰值在 20 世纪 50～70 年代。第三次产业的长期趋势也非一次性由高而低再高的过程，而是在数值上表现为两个大循环：其一，在早期与第一次产业相对应地出现短期波动之后，至 20 世纪中叶升至其峰值，这期间其波动并不显著，主要原因在于英国的第三次产业虽然在进入工业社会前已经较为发达，但仍然不能满足英国作为"世界工厂"的需要，因而一直处于与第二次产业伴生的状态；其二，20 世纪中叶之后，英国工业在世界的统治地位逐步丧失，第三次产业发展动力受到削弱，这种伴生现象终止了。此后英国第三次产业的波动形态主要体现为与第二次产业相对应的反向波动起伏。参见图 5-2。[①]

可见，英国的第二次产业与第三次产业在产业结构中的演进都不是一次循环的过程。这一点之所以与克拉克所描述的不同，主要原因有三：第一，克拉克选取数据在 19 世纪初至 20 世纪三四十年代之间，其间包括第一次工业革命后期和完整的第二次工业革命时期，但不能看到"二战"后第三次工业革命带来产业结构长期趋势的突变，这是其历史局限性所致。第二，在克拉克考察的数据期间的前期，第一次

---

① 1975 年前数据源于 B. 米歇尔. 麦克米兰世界历史统计 I ——欧洲篇（1750～1975）（日文版）[M]. 中村宏译. 原书房，1986：818，826，836，841，845，856；1980 年以后数据源于世界银行网站，http：//databank. worldbank. org/ddp/home. do？ Step = 12&id = 4&CNO = 2.

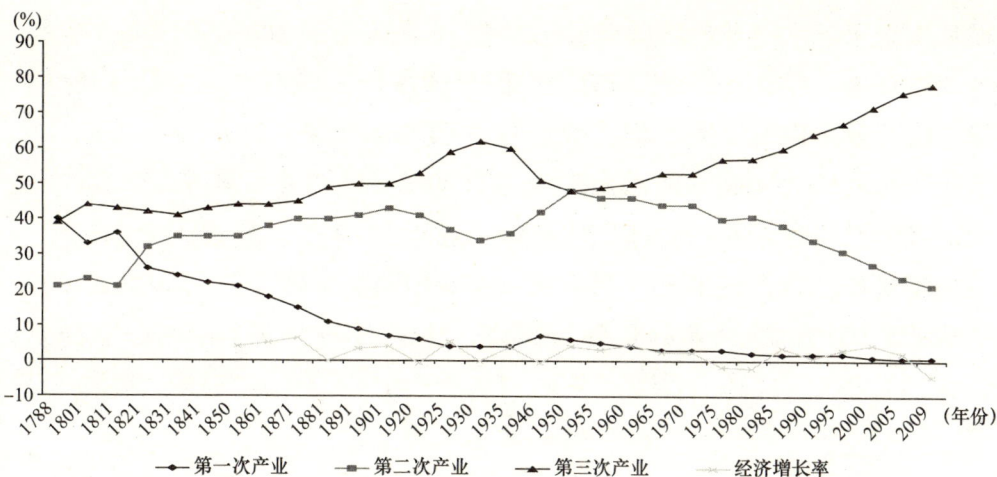

图 5-2 英国经济增长与产业结构

工业革命向第二次工业革命过渡时工业部门的衰落并不明显。这是因为，英国工业革命晚期，工业革命成果逐步传递到欧洲和美国，英国作为世界霸主，其工业部门的发展借全球工业发展之势而继续延续。因此，如果不结合第一次工业革命加以长期考察，很容易视之为一个发展周期，克拉克也正是因此没有将其视为两个经济长周期。第三，克拉克强调长期趋势，因而忽视了其考察数据期间的产业波动与经济增长的关系，而我们看到 20 世纪中叶以来第二次产业比重的再次提升之后，就自然关注到了其间的产业波动与经济增长之间的内在联系。

第六节 联邦德国的例证

德国产业结构的长期趋势也具有和英美同样的情形：第一次产业长期下降，第二次产业以 20 世纪中叶为界分为两大循环，第三次产业也同样以 20 世纪中叶为界分为两大循环。所不同的是，德国在第一个循环中，第三次产业比重的变化并不明显。这是因为，德国第三次产业比重在19世纪中叶并不像英美两国那样占据主要地位，它只是高于第二次产业，而低于第一次产业。这说明德国的第三次产业在工业化第一个长周期之初并不能满足经济增长的需要，因而它随着第二次产业的发展而出现了长期的伴生性增长，直到1910年以后德国第二次产业出现快速增长，其第三次产业比重才开始明显下降，并在20世纪30年代前后因第二次产业的衰落而开始上升，在20世纪50年代达到峰值。参见图5-3。[①]

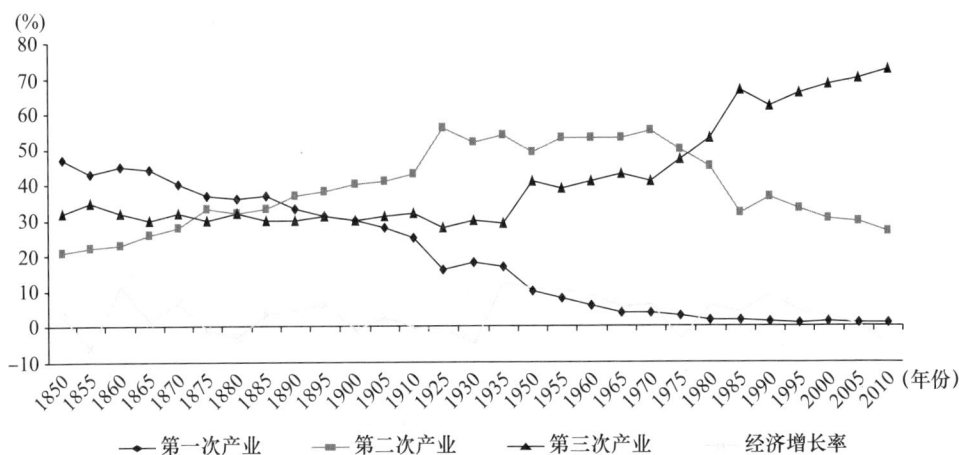

图 5-3　德国经济增长与产业结构

从长期经济增长的历程来看，德国是后起的资本主义国家，在19世纪30年代英国即将完成工业革命时，德国才刚刚拉开其工业革命的序幕。但到20世纪初，德国已实现了工业化，发展为欧洲最强大的国

① 1975年前数据源于 B. 米歇尔. 麦克米兰世界历史统计 I ——欧洲篇（1750～1975）（日本版）[M]. 中村宏译. 原书房，1986：817，821，829，840，843，849；1980～1995年数据源于日本银行. 国际比较统计（日文版）[M]. 日本银行国际局，1997：35-36. 另，1950～1990年数据为德意志联邦共和国数据。2000以后数据源于世界银行网站，http：//databank.worldbank.org/ddp/home.do? Step = 12& id =4&CNO =2.

家。德国于 1914 年和 1939 年两次挑起世界大战，均以失败告终。"二战"结束后，德国分为东西两个国家。针对这段历史，本研究主要考察西德（联邦德国）。联邦德国在战后到 20 世纪 70 年代，经济发展极为迅速，增长速度仅次于日本，而高于其他资本主义工业国家，成为资本主义世界第三大经济强国。70 年代初期的石油危机爆发之后，德国很快恢复，但工业部门比重开始下降，经济发展速度也不及 70 年代之前。

从具体产业部门来看，德国在"二战"之前，钢铁、机械、化学等工业部门已相当发达。战后，工业部门的发展更为迅猛，1950 ~ 1973 年，年均增长 7%。但在 1974 年以后，工业部门转入停滞，1973 ~ 1984 年，年均增长 0.6%。80 年代中期之后，工业部门才转向回升，1984 ~ 1991 年，年均增长 2.7%。只是 1990 年的两德统一，虽然最初给西部工业带来了大量需求，但仍然给整个国家带来了沉重的负担。一方面，东部工业部门很快得到恢复，国内需求市场逐步缩小。另一方面，美国的工业部门在 20 世纪 90 年代发展很快，竞争力大大增强；而其他国家如日本等也正处于危机之中，德国的国际环境恶化。加之德国政府的高利率政策和增税措施的推行，打击了投资和个人消费，使西部地区处于停滞和衰退状态。尽管 1992 年东部地区经济开始走出低谷，但从整体上看，德国经济仍陷入困难境地，经济增长速度在 1991 年一度高涨之后，转向低落倾向。90 年代中期，德国经济才开始有所恢复。而随着 1998 年欧洲统一货币——欧元的问世，德国马克作为欧元主要基础货币，责任更为重大。德国经济的压力更大了。

第七节　意大利的例证

意大利是欧洲资本主义萌芽最早的国家，但早期工业化进展缓慢。从我们的统计区间来看，其产业结构长期演进趋势仍然不是克拉克法则所描述的那种一次性循环过程。具体而言，其第一次产业比重是长期下降的，其间在 1945 年前后出现的比重突长，应该视为第二、第三次产业受战争严重破坏的特例现象。第二次产业在统计期间至少经历了以 1945 年为界的两个大的循环。同样，第三次产业也可以视为至少经历了以 1945 年为界的两个大的循环。尽管 1900 年前是否应该归入上一个循环，因统计数据的缺失而不能判定，但已有的事实已足以证明，克拉克法则的描述并不准确。参见图 5 - 4。[①]

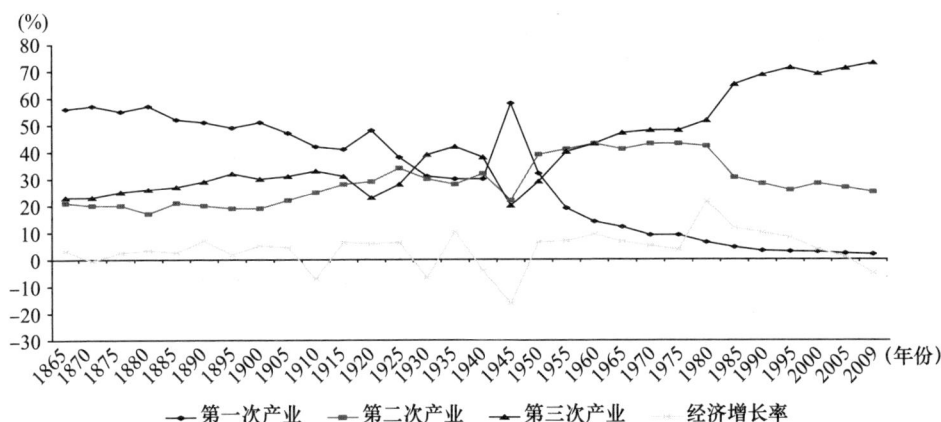

图 5 - 4　意大利经济增长与产业结构

意大利地处欧洲南部，是欧洲的文明古国，虽然资本主义萌芽最早，但发展却较为缓慢。到第二次世界大战结束时，意大利的经济水平仍然明显低于欧洲其他主要资本主义国家。但是，"二战"之后，意大利通过工业部门的快速发展，牵引国民经济取得较快发展，由一个落后的农业—工业国发展为高度工业化的国家，居世界第六位。只是服务部门比重进入 20 世纪 90 年代之后有较快增长，使国民经济在

---

① 1975 年前数据源于 B. 米歇尔. 麦克米兰世界历史统计 I——欧洲篇（1750 ~ 1975）（日文版）[M]. 中村宏译. 原书房，1986：817，823，831，840，844，852；1980 ~ 1995 年数据源于日本银行. 国际比较统计（日文版）[M]. 日本银行国际局，1997：35 - 36；2000 年以后数据源于世界银行网站，http：//databank. worldbank. org/ddp/home. do？ Step = 12&id = 4& CNO = 2.

整体上表现出所谓的"后工业化"倾向。这种倾向，使意大利经济发展速度开始滑坡。据日本银行国际局编《国际比较统计》，意大利的实际经济增长率已从 1990 年的 2.2%，下降至 1996 年的 0.7%。

"二战"之后，意大利经济基础极为脆弱，在欧洲最贫穷国家之列。为此，意大利政府加强了对经济的调控和干预，建立开放的经济体制，积极开拓国际市场。在美国对欧洲经济的大力扶植和适当的政策推动之下，意大利的经济出现持续增长，1950～1963 年，国内生产总值的年均增长率达到 5.9%，仅次于德国，居欧洲第二位，被认为创造了"经济奇迹"。1964 年，一场经济危机打断了意大利的快速增长。1965～1973 年，意大利的国内生产总值年均增长率降为 5.2%，但在欧洲仍然位居前列。20 世纪 70 年代，受石油危机和世界性经济危机的影响，意大利的发展速度明显放慢。1973～1980 年，国内生产总值的年均增长率仅为 2.8%。80 年代初，意大利又爆发了严重的经济危机，1985 年之后才有所转变，而此后的情形是经济发展速度逐步放慢。

在上述过程中，工业部门始终发挥了重要的决定作用。经济高速发展时期，是工业部门快速发展的时期；而经济发展滑坡的时期，也恰恰是工业部门发展速度放慢的时期。意大利的工业部门是在 1948 年恢复到战前水平的，此后步入快速发展时期。1951～1960 年，工业生产年均增长达到 8.8%，1961～1970 年降为 7.2%，1971～1980 年降为 3.5%，1980～1990 年为 1.9%。可以看到，工业部门在 1975 年之后的比重下降与整个经济增长率的滑坡之间有着极为紧密的关系。由此可见，工业部门仍然是整个经济的决定力量，所谓"后工业社会"是完全荒谬可笑的。

第八节 法国的例证

法国是西欧国土面积最大的国家，大部分地区土地肥沃、气候温和、雨量充沛，为农牧业发展提供了优越的自然条件。矿产资源中铁矿、铝土和铀矿储量都居欧洲首位，但石油几乎全依赖进口。

法国是一个老牌资本主义国家，农业部门在"二战"之前就已非常发达。"二战"结束之后，法国赶上了战后资本主义世界高速发展的浪潮，在美国和欧洲经济的支撑之下，工业部门取得了较快发展，成为继美国、日本、德国之后的第四大工业国。

从产业结构来看，法国在20世纪70年代中期之前，工业部门比重一直很高；但在70年代中期以后，工业部门比重一路下降，滑坡很快，使国内生产总值的年度增长率出现了大幅的下落，说明了工业部门在当前的重要意义。相反，法国的服务部门在70年代中期之后却出现了快速增长，其比重已在1994年达到75%左右。参见图5-5。①

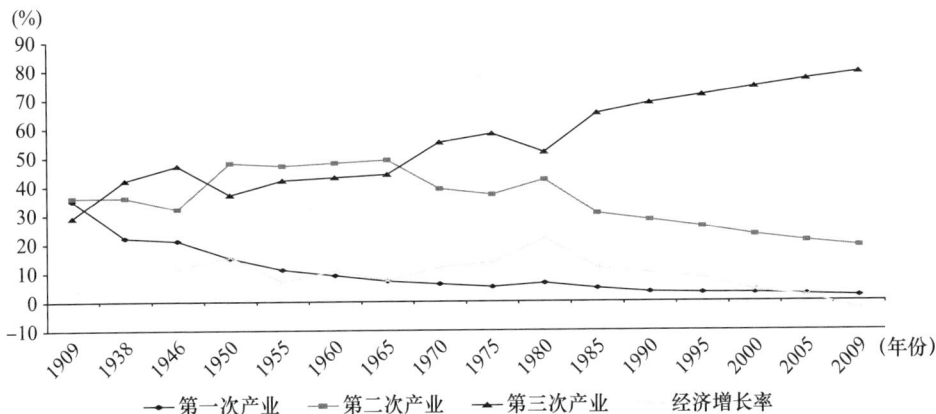

图5-5　法国经济增长与产业结构

① 1975年前数据源于B. 米歇尔. 麦克米兰世界历史统计Ⅰ——欧洲篇（1750～1975）（日文版）[M]. 中村宏译. 原书房，1986：821，829，842，849；1980～1995年数据源于日本银行. 国际比较统计（日文版）[M]. 日本银行国际局，1997；2000年以后数据源于世界银行网站，http://databank. world-bank. org/ddp/home. do? Step=12&id=4&CNO=2.

第九节 瑞典的例证

瑞典地处北欧,境内湖泊密布、河流湍急、瀑布甚多,有丰富的水力资源,其他资源比较富有的还有铁矿、森林、铀等。19 世纪中叶时,瑞典还是一个贫穷的农业国。其后,由于瑞典长期奉行和平原则和比较稳定的经济政策,使这个国家逐步发展为工业发达的资本主义国家。特别是"二战"以来,瑞典推行所谓"混合型经济"的管理方式,使本国经济获得较为长期、稳定的发展。

瑞典是工业部门较为发达的国家,工业在国民经济中占有十分重要的地位。在"二战"之后,钢铁、木材加工、造船、纺织等工业作为瑞典的主要出口产业部门获得较快发展。但在 20 世纪 70 年代初期两次石油危机爆发之后,瑞典工业出现了长期衰退的倾向。1983 年之后,工业部门才开始回升,传统工业逐步让位于机械制造、精密电子仪器和汽车等工业部门。为刺激工业部门的发展,瑞典政府一方面设立巨额企业更新基金用于企业的技术革新、设备更新、科研人员培训和加强科技开放;另一方面加强资本集中,促进企业改组和合并。这些政策有效地阻止了工业部门比重下降的倾向,构成经济稳定的有力基石。

从表 5-3 所示产业结构的长期趋势来看,瑞典的工业部门在 20世纪 70 年代之后一直没有出现较快增长,其比重也长期停留于 30% 左右,使得瑞典经济发展也处于一种长期低速增长的态势。

表 5-3 瑞典的产业结构与经济发展 单位:10 亿克朗,%

年份	GDP	农业部门比重	工业部门比重	服务部门比重	GDP 增长率
1973	791.8	3.8	31.9	64.3	—
1975	835.4	3.4	31.2	65.4	2.4
1978	842.5	3.3	29.5	67.2	1.6

年份	GDP	农业部门比重	工业部门比重	服务部门比重	GDP 增长率
1980	889.1	3.2	29.7	67.1	1.7
1983	914.9	3.5	29.5	67.0	2.0
1985	970.8	3.3	30.8	65.9	1.9
1988	1046.3	2.9	30.7	66.4	2.2
1990	1086.5	3.2	30.1	66.7	1.4
1993	1030.7	—	—	—	-2.6

注：CDP 增长率为该年度 GDP 与上一年度的比值。

资料来源：日本银行国际局，《国际比较统计》。

第十节　比利时的例证

比利时位于欧洲西部，主要经济资源为煤。历史上，比利时一直是依靠采煤、炼钢和纺织等工业部门繁荣起来的。第二次世界大战后，这些传统工业逐步让位于新兴的工业部门，使比利时获得了较快的发展，成为发达资本主义国家。

比利时在战后的经济恢复很快，特别是 20 世纪 60 年代以来，比利时政府采取了对外开放、大力吸收外资的政策，给比利时经济带来了资金活力，同时也带来了新兴工业和新技术。石油、化工、电子、核能等产业迅速崛起，替代传统工业占据了国民经济的主导地位。

从经济增长来看，20 世纪 50 年代国民生产总值的年均增长率为 2.4%；60 年代增长速度加快，年均达到 4.8%；70 年代由于爆发了石油危机，增长速度放慢，降为 3.6%；80 年代初期，由于经济危机的影响，增长再次减速，1980～1982 年年均增长率仅为 0.3%；1983 年以后，经济开始缓慢回升，1982～1987 年平均增长率为 1.3%。进入 90 年代之后，经济增长率又有趋于降低的倾向。在此，经济增长与产业结构之间表现出十分紧密的对应关系，特别是工业部门的增长速度对其经济发展意义尤大。1987 年工业产值比 1950 年增长了 1.93 倍，年均增长 3%。其中，1960～1970 年的年均增长率达到 5%；但 1974年、1975 年经济危机以来工业生产处于停滞状态，1981 年只比 1973年增长了 4.7%，年均增长率仅为 0.7%。1982 年起工业部门缓慢回升，1982～1987 年年均增长率为 3.6%；1988～1991 年又降至 1.4%。参见表 5-4，产业结构中工业部门比重的变化与经济增长之间的关系则更加显而易见。

表 5-4　比利时的产业结构与经济发展　　单位：10 亿比利时法郎,%

年份	GDP	农业部门比重	工业部门比重	服务部门比重	GDP 增长率
1973	4064.0	—	—	—	
1975	4167.3	1.9	29.6	68.5	-1.5
1978	4551.6	1.9	30.5	67.6	2.8
1980	4845.7	1.8	30.3	67.9	4.2
1983	4893.1	2.0	30.0	68.0	0.6
1985	5041.4	2.1	29.7	68.2	0.8
1988	5468.0	2.0	30.0	68.0	4.9
1990	5844.2	1.8	30.9	67.3	3.3
1993	5983.4	—	—	—	-1.7

注：CDP 增长率为该年度 GDP 与上一年度的比值。

资料来源：日本银行国际局，《国际比较统计》。

第十一节　希腊的例证

希腊位于巴尔干半岛南部，矿产资源主要有褐煤、铝等。希腊是世界文明古国之一，是欧洲文化的摇篮。但直到"二战"后的 50 年代，希腊还是一个农业国。然而，在工业部门快速发展的影响下，希腊的经济结构发生了重大变化。

如前所述，战后直到 20 世纪 50 年代初期，希腊还是一个以生产烟草、棉花、甜菜为主的农业国。当时，农业部门在国民经济中的比重为 40% 以上，而工业部门还不足 25%。60～70 年代，希腊工业生产发展迅速，改变了农业国的形象。食品、烟草、纺织、制革等传统工业部门，逐步让位于冶金、化工、炼油、造船等重化工业部门。其中，制造业在 1950～1960 年年均增长 7.9%；1960～1973 年年均增长 9.8%；1973 年、1974 年经济危机之后，工业生产发展缓慢，年均增长 2.2%；1987～1991 年年均增长 1.0%。从表 5-5 也可以看出，1975 年以后工业部门比重处于缓速下降趋势，经济增长率也处于低速增长状态。

表5-5　希腊的产业结构与经济发展　　　单位：10 亿希腊扎马克,%

年份	GDP	农业部门比重	工业部门比重	服务部门比重	GDP 增长率
1973	4582.4	19.2	33.4	47.4	—
1975	4670.5	20.9	30.8	48.3	2.9
1978	5499.4	17.9	31.9	50.2	6.6
1980	5797.1	18.0	31.3	50.7	1.5
1983	5850.3	16.3	29.9	53.8	0.6
1985	6194.9	16.8	29.6	53.6	3.1
1988	6549.4	16.5	29.8	53.3	4.4
1990	5725.9	13.7	29.5	56.8	-0.8
1993	6965.5	—	—	—	-0.5

注：GDP 增长率为该年度 GDP 与上一年度的比值。

资料来源：日本银行国际局，《国际比较统计》。

第十二节　日本的例证

一、长期演进态势

日本作为一个后起国家，用 100 年时间走完了英国等老牌资本主义国家 200 年才走完的历程，并从一个半殖民地国家成长为世界第二大经济强国。这段跳跃式发展的过程，从产业结构观之，主要经历了两次工业部门的高涨，从而形成了两次大的循环。第一次是 1868 ~ 1945 年，以 1905 ~ 1920 年为高峰期的第一次循环，依靠制度性的推进和疯狂的对外侵略掠夺而实现的工业中心经济的快速发展。第二次是 1945 年至 20 世纪 90 年代，以 1955 ~ 1970 年为高峰期的第二次循环，依靠制度性推进和良好的国际环境而实现的工业中心经济的高速增长。

具体而言，自明治维新后开始工业化以来，日本的第一次产业呈现长期下降趋势，其间在 1945 年"二战"结束后的比重提升，应视为战争对第二、第三次产业破坏严重的表现。日本的第二、第三次产业也经历了以 1945 年为界的两次循环。其中，日本的第二次产业在 1945 年前的第一次循环中一直表现为比重上升态势。但是，应该看到，这一态势与"二战"后的工业增长并不是一脉相承的。一方面，这种态势的形成是因为日本为了发动战争实行战争经济体制，强制性地扩大工业生产所致，是一种病态的经济现象。另一方面，"二战"结束时，日本的第二次产业已经衰败。尽管 1945 年数据缺失，使得我们没有直接的依据，但从日本经济恢复时期 1950 年、1955 年的统计结果可以推知，1945 年第二次产业比重应该更低。加之，如前所述，世界主要工业国都在 1945 年后开始了新一轮的长期循环，所以，日本第二、第三次产业存在两个大的长周期，可以证伪克拉克法则的一周期论。参见图 5 - 6。[①]

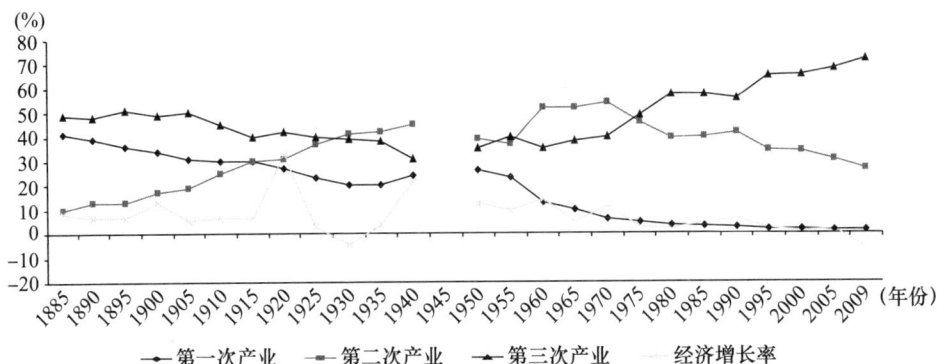

图 5 - 6 日本经济增长与产业结构

二、产业部门的态势

日本之所以实现了跳跃式发展，主要动力表现为第二次产业的两次高涨。第一次以 1905 ~ 1920 年为高峰期，其间国民生产总值增长了四倍，第二次产业比重从 1905 年的 21.1% 上升至 1930 年的 31.6%；第三次产业则从 46% 一度下落至 1920 年的 40.17%；第二次以 1955 ~ 1970 年为高峰期，其间 GNP 年增长率达到平均 9.7%，制造业则高达 13% ~ 24%，第二次产业比重从 1955 年的 23.5% 上升至 1970 年的 40%。[②] 这一过程也验证了美英等国经济增长过程所表现出来的第二次产业与经济增长之间的正相关关系。

---

② 1975 年前数据源于 B. 米歇尔. 麦克米兰世界历史统计Ⅱ——日本·亚洲·非洲篇（日文版）[M]. 北村甫译. 原书房，1986：738，739，745；1980 ~ 1990 年数据源于日本经济企划厅. 国民经济计算年报（日文版）[M]. 经济企划厅经济研究所，1997；1995 ~ 2000 年数据源于日本经济企划厅网站数据库。经济增长率数据：1985 ~ 1940 年根据大川一司等编《长期经济统计》算出；1945 ~ 1970 年数据源于 B. 米歇尔. 麦克米兰世界历史统计Ⅱ——日本·亚洲·非洲篇（日文版）[M]. 北村甫译. 原书房，1986：728，732；1980 ~ 1990 年数据源于日本经济企划厅编《国民经济计算年报》；1995 ~ 2000 年数据源于日本经济企划厅网站数据库；2005 年以后数据源于世界银行网站，http：//databank. worldbank. org/ddp/ home. do? Step = 12&id = 4&CNO = 2.

在日本经济开始工业化以来直至现在的经济发展过程中，其产业结构在长期上的主要特征表现为：①以工业为中心。经济发展较快的时期，正是工业部门在技术进步的推动下走向高涨、比重不断提高的时期；反之，工业部门走向衰退、比重下落的时期，也正是经济发展速度放慢，甚至陷入萧条的时期。这说明了其经济增长的主要动力在于工业部门。②工业部门、服务部门交替涨落，呈现波浪式发展态势；农业部门则处于长期的下降趋势。由此可以看到，如果只是分析始期和终期数字将大大影响我们的判断。在此，我们对其三个产业具体发展历程分别做一介绍。

第一，农业部门呈现长期衰退趋势。

农业在整个过程中除最初的十余年（19 世纪 90 年代之前），一直呈下降趋势。农业在最初的扩大，是出于为工业进行资本积累所需，明治维新之后，通过"地租改正"，构成了国家财政的主要来源（同时决定了资本积累的先天不足）。1872 年地租在租税收入和财政收入中的比重分别为 90.9%、39.74%，1879 年前者虽然下降为 75.7%，后者却上升为 67.76%。这样，就强制性地将农业纳入了商品货币经济；促成了大量土地买卖，造成大批农民破产，提供了较为充分的劳动力源泉。农业遂在为工业准备资本、劳动力的主线上展开。此后其对工业部门的支持作用则由掠夺中国、朝鲜农业部门替代了，其自身不过是机械化和化学化有所渐进而已。

"二战"之后，农业在 1946 年由 GHQ（占领军司令部）推行农地改革，农业政策也转向以支援工业发展为中心。

在经济恢复时期，日本政府对农业在价格、收购和财政等方面采取掠夺政策，在价格偏低的情况下，强制性收购。

在 1950～1955 年的高速增长准备期，粮食不足仍未解决，朝鲜战争更增加了对粮食的不安；粮食自给率的低下导致进口负担甚重，挤掉了发展工业所急需的技术设备进口资金。此外，农村中还存在着大量过剩人口。为此，农业政策以米麦的增产和自给为中心，在价格上，实行米价二重原则，早交、完交、超交给予奖励金，大幅削减所得税等；在财政上，支持国县团体经营的给排水、牧场的整备及农地集团化下的土地改良事业，针对特定地区还有法律规定了财政扶植政策；在金融上，1953 年成立了农林渔业金融公库，为土地改良建立起了长期、低利的融资制度和体系。于是，农业生产力有了较大发展，达成了日本有史以来大米的最高丰产；化肥用量大增，农业机械普及率增长较快；同时，劳动力初步呈现脱农化倾向。

在 1955～1965 年的高速增长前半期，农业生产力获得大发展，大米、水果、畜产品都有大幅增长，农业劳动力开始流出。同时，由于美国出口农产品剩余的压力加大，日本政府感到农业走出小规模自耕农体制的机会已到，遂于 1961 年颁布《农业基本法》，旨在一方面调整价格至"供求均衡"水准；另一方面通过"有选择地扩大（缩小）"和"结构政策"来纠正农业与其他产业间的劳动生产率差距，通过财政上的价格补贴和法律、金融体系方面的调整来保护和扶植农业，实现收入均衡意义上的"自立经营"。在财政补贴方面，采用"生产费用及收入补偿方式"作为米价确定基准，参照大米的生产费用和制造业的平均工资来进行政策性补贴。农业的依赖性越来越强。在生产力方面，一方面，修改《农地法》，废除了农地买卖最高面积的限制，建立农业生产法人制度，建立由农业协同组合来具体操作的农地信贷、转让方面的信用制度；另一方面，推行"农业结构改善事业"，即统一划齐以 2945 家 30 公亩以上的大型农场为主，设定基本作物（大米或其他），一举进口大型装备如拖拉机、防草除草机、联合收割机、稻谷脱壳系统，所费 2757 亿日元中的 1367 亿日元由政府出资，使其农业机械化有了惊人跃进。这些政策加之进口农产品的增加、农业投资的扩大、消费水平的提高和城市化，推动了农业人口比重一降再降。同时，专业农户激减，兼业农户陡增，以农业外收入为主的第二兼业农户也超过了以农业收入为主的第一兼业农户。

1965 年之后，农业转向衰退。首先，由于长期繁荣使国际收支黑字随工业品出口的激增而不断膨胀，也招来国际社会特别是美国要求开放农产品市场的压力。为了工业的利益，日本开放了部分农业市场，农业自给率大幅下降，农产品进口陡增。其次，劳动生产率大大提高，真正实现了全面的机械化。再次，兼业农户继续扩大，劳动力继续流出。由于兼业农户继续拥有土地，经营规模并无显著扩大，造成工业用地紧张，地价高涨。最后，农地在总体上不断减少，荒废速度已大大超过了开垦速度，住宅和工业占地不断扩大。特别是，1969 年以构筑中央、地方的情报、交通网为目标的"新全国综合开发计划"，带动民间资本买占土地，导致地价暴腾。这使农业生产规模的扩大更加困难，农民更倾向于做"有地工人"（兼业农户）。更重要的是，地价的暴腾说明了重化工业化已走近临界。石油危机后，经济全面走向萧条。应该说，此时危机已在了。

第二，工业部门在产业结构中的比重经历了两次由低向高而后下降的过程，其两次高峰期分别为 1905 ~ 1920 年、1955 ~ 1970 年。

明治维新时期，日本提出"殖产兴业""富国强兵""文明开化"三大口号，开始了工业化。首先，在农业强行原始积累的同时，全盘移植了资本主义的经济制度和工厂制度。创建一大批模范工厂，开办"劝业博览会"，设立"工业试验所"，派人出国学习先进技术和管理经验，带动工厂制度普及。同时，引进外国技术、设备然后租借给民间企业。1880 年起，几乎除军工外各个部门的模范工厂，都近乎无偿地转让给了与政府关系密切的民间资本，促进了民间商业资本向工业资本的转化，确立起了近代工厂制度，并为财阀的形成奠定了基础。其次，通过对外的一系列侵略战争来增加资本积累，倾销工业品，掠夺农产品。

正是在上述对内的制度性推进和对外的掠夺基础之上，日本构筑起了工业社会的基本框架，在 19 世纪 80 年代末进入产业革命，开始起飞了。由于其时恰是第二次产业革命的高潮期，使得日本能够兼收并蓄两次产业革命成果，避免了产业资本在蒸汽机时代的浪费而直接进入电气时代。

20 世纪初日俄战争之后，产业革命基本结束，日本生产资料基本达到了国产化。1909 年日本棉布出口额第一次超过进口额，成为棉布净出口国。由于重化工业的发展、政府的扶植和经济危机的推进，日本生产和资本的集中大大加快了。日本开始进入从自由竞争向垄断过渡的阶段。"一战"的爆发促成了日本全面的投资、生产高潮，其民间设备投资在 1920 年达到顶点。日本从 10.9 亿债务国转变为 27.1 亿债权国，给经济带来了第二层次的影响，形成了工业部门比重的第一个高峰期。

1920～1921 年出于对"一战"景气的清算而爆发了经济危机，1924 年起，经济开始缓慢发展。法国、德国、美国、英国等国也不景气。为此，日本政府不惜东挪西凑积累了一定资金，决定于 1930 年 1 月 11 日起实施金本位制度。此消息公布三天后，美国华尔街股票市场价格暴跌，引发了世界性经济危机。日本在实施金本位制后，反而加剧了经济的萧条。在 30 年代大危机之下，日本出口下降了 76.5%，进口下降了 71.7%，主要工业部门开工率都在 50% 以下，加之农业的饥荒，将危机推向了顶点。日本政府为摆脱危机，强化了财阀的控制，强制 50 个产业建立卡特尔组织；同时加强劳动强制，大批解雇工人。在国内外经济矛盾日益尖锐的形势下，日本政府对内实行法西斯统治，对外发动侵华战争，将整个经济推上了歧途。

"二战"结束之后，日本经济进入第二次循环。战败之初，由于原材料、能源严重不足，通货膨胀也因此抑而不止。为此，日本以工业部门为核心和突破口，于 1947 年开始推行"倾斜生产方式"，大力扶植煤炭、电力、化肥、钢铁、海运、纺织部门。

在上述条件及美援的支持下，工矿业生产恢复明显，但通货膨胀也随之加剧。1949 年 4 月起，GHP 强行推行紧缩性的"道奇路线"，同时进行了"夏普税制改革"。很快，物价大体稳定了。但是，银根奇缺，企业经营拮据，有效需求减少，滞货增加，生产停滞。1949 年下半年，经济陷入了"道奇危机"。美国此时也在危机之中，更加剧了日本的萧条。正在窘迫之际，1950 年 6 月爆发了朝鲜战争，使日本经济侥幸摆脱了危机。此后，日本经济在"特需"刺激之下走向扩大再生产，并由美国引回国际社会，走进了开放的国际市场。

1950 年以后，日本在钢铁、煤炭、海运、电力、合成纤维、化肥等产业开始了合理化投资。通过特别租税措施和投资、融资政策来支持工业部门的技术引进和改良。同时，政府公共设施投资集中于道路、港湾、供水、通信等产业基础设施方面，发挥了"投资唤起投资"的作用。这在整体上，为日本之后的高速增长准备了条件。

20 世纪 50 年代后半期至 70 年代初，在美国的特别扶植下，日本通过引进大量的廉价先进产业技术和产业合理化、大型化等政策的推动，实现了高速增长。这一过程，在工业部门表现为在产业革命的不断深化的推进下的高速增长过程。产业革命在此有三个阶段：第一阶段为 1956～1961 年，主要是通过引进技术建立家电、汽车、合成纤维等新兴耐用消费品工业；电力工业开始从"水主火从"向"火主水从"转换；第二阶段为 1962～1966 年，生产设备向大型化发展，广泛采用新的生产工艺，加强新型材料的开发和应用；第三阶段为 1967～1974 年，生产设备继续向大型化发展，采用了应用电子计算机的生产技术，计算机产业得到大力发展。这段时期，日本经济的年增长率达到平均 9.7%，而制造业则高达 13%～24%，工业部门比重不断上升。

第三，服务部门从属波动，但 20 世纪 80 年代后的虚拟经济过度膨胀，导致了日本经济崩溃，至今仍然处于长期慢性萧条之中。

明治初期，在殖产兴业政策的重点扶植之下，银行业、交通通信事业有了巨大发展，商业也更加活跃。服务部门投资直到"一战"前一直占据主要地位，构筑了新的工业制度下从资本提供到为整个生产过程服务的基本框架。这样，服务部门在国内纯产值中的比重最初仅次于农业，在 1905～1920 年的工业增长高峰期里呈现降势，后因工业衰退而一度再起，再后来因军事工业疯狂发展而比重渐渐下降。但是，由于农业渐渐受到殖民掠夺的影响而比重有大幅下落，使服务部门的波动表现得不很明显。

"二战"后，服务部门被纳入工业部门的循环轨道之中。金融业主要利用政府支持（超贷政策）来为企业提供远远超过企业自有资本承受能力的巨额资金；商业特别是对外贸易则出现了超过工矿业生产的增长，构成其"加工贸易立国"政策的重要一环。从比重上看，1955~1970年服务部门有所回落，1975年后又有微升。而同样由于农业部门发展过慢，使服务部门的这种起伏并不明显。但是，20世纪80年代之后，日本经济的"服务化"开始加速向"虚拟化"迈进，泡沫经济急速膨胀，使得日本的实体经济最终无力支撑，并最终崩溃。整个经济自20世纪90年代始，即陷入长期慢性萧条之中，不能自拔。

第十三节　韩国的例证

韩国是在战后迅速发展为新兴工业国的典型代表，被誉为"亚洲四小龙"之一。从经济发展初始条件来看，作为半岛国家，韩国的自然资源贫乏，经济初始时期十分凋敝，与日本是非常相似的；而从经济发展的机制而言，韩国以"出口主导"为经济发展战略，依靠美国、日本等外部经济环境的支持和政府大力扶植等，也与日本仰美国之鼻息、以"加工贸易立国"的做法和政府的有力管理等有异曲同工之妙。

总的来看，韩国的经济发展历程，表现为产业结构中工业部门比重不断上升，农业部门甚至服务部门比重都有相对下降。而工业部门比重提高的时期，也恰恰是整个经济增长率保持较高水平的时期，参见图5-7。由此可见，在工业中心社会这一历史时期，工业部门的增长是经济社会发展的根本动力。

韩国经济是在20世纪50年代中期朝鲜战争结束之后开始着手建设的。鉴于国土狭小、资源匮乏、缺少资金和技术，韩国确立了以国际市场为基础，利用国内廉价的劳动力发展劳动密集型产业的"出口

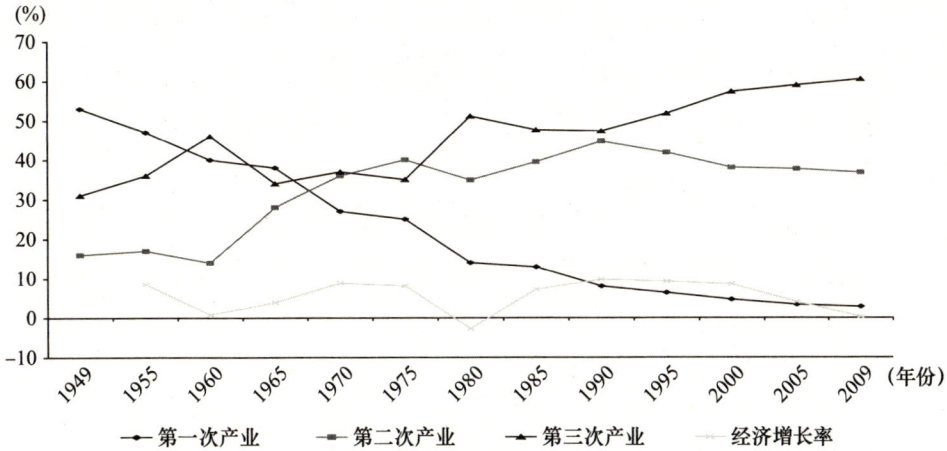

图 5 - 7　韩国经济增长与产业结构

资料来源：1990 年前数据源于日本银行，《国际比较统计》；1995 年后数据源于世界银行网站，ht-tp：//databank. worldbank. org/ddp/home. do？Step = 12&id = 4&CNO = 2.

导向"战略。60 年代初，韩国政府更进一步将经济放在首位，在"出口第一""贸易立国"等口号之下，积极推进其"出口导向"政策，纺织业获得巨大发展，产品 70% 出口国外。70 年代以后，韩国的钢铁、汽车、造船、机械制造业逐步成长起来，整个工业部门比重有大幅增长。进入 90 年代，由于技术的成熟和国际市场竞争的加剧，一方面，工业部门比重增长速度放慢，甚至开始有微弱的下降；而另一方面，服务部门比重则有一定回升。这种情形，削弱了工业部门的牵引作用和国民经济的基础。在 1997 年末 1998 年初金融风暴席卷东南亚诸国之际，韩国经济不敌外力冲击，韩元大幅贬值，经济形势一落千丈，令人深思。

第十四节 新加坡的例证

新加坡是一个岛国，1842 年沦为英国殖民地，1942 年遭日本侵略，1945 年英国恢复殖民统治，1963 年并入马来西亚，1965 年 8 月正式独立。新加坡经济发展的历程并不是很长，而且主要是依靠国际市场的支持。但在总体上，新加坡的经济发展更加体现出在开放经济条件之下，工业部门对一国经济的重要作用。

新加坡地域狭小，资源匮乏，工业部门基础薄弱，主要依靠地理之便从事转口贸易，1959 年为自治邦时，转口贸易占国民生产总值的 80.8%。60 年代，新加坡以纺织、服装、食品及木材加工等劳动密集型产业部门为中心开始推行进口替代战略，一定程度上改善了就业和国民经济情况。进入 70 年代之后，这些劳动密集型产业已开始走入国际市场，并在政府的有力支持之下逐年提高其市场占有率。与此同时，新加坡开始实施以修造船、炼油业等重化工业为主要内容的资本密集型产业的进口替代战略。此外，对服务部门则大力发展海运业和海洋事业，创造优厚条件吸引外国船只注册、纳税。70 年代中期以后，上述进口替代的工业部门已开始转入出口阶段，并逐步成为新加坡对外出口的主要项目。在这段工业部门迅速发展的时期，新加坡的产业结构也发生了较大变化，即工业部门比重有了飞速的提高。而这一时期，也恰恰是经济增长保持较快速度的时期。

但随着技术的老化、劳动成本的提高和国际市场竞争的加剧，特别是贸易保护主义的抬头，新加坡经济受到严重威胁。1984 年美国取消了新加坡的普惠制资格之后，新加坡工业部门受到较大打击，其在产业结构中的比重下落，而经济增长率也出现了负增长。为此，新加坡被迫调整产业结构。一方面，着力发展高技术产业，以填补农业部门和传统工业部门衰退以后造成的"缺口"；另一方面，转向发展对外贸易、交通运输、金融保险、旅游和国际服务等服务部门，借助于日本、韩国等外部环境的支持来寻求增长。但在总体上，由于高技术产业尚不成熟，而服务部门的牵引作用完全取决于工业部门（而且主要是外国的工业部门）的增长情形，新加坡的经济增长基础大大削弱了，增长率也呈现出递减的态势。参见表5-6。

表5-6　新加坡的产业结构与经济增长　　单位：10亿新元，%

年份	GDP	农业部门比重	工业部门比重	服务部门比重	GDP 增长率
1973	17.02	1.6	40.1	58.3	—
1975	18.89	1.4	38.6	60.0	4.0
1978	23.69	1.3	39.2	59.5	8.6
1980	28.39	1.1	40.4	58.5	9.7
1983	35.96	0.8	40.7	58.5	8.2
1985	38.24	0.7	38.2	61.1	-1.8
1988	47.38	0.4	38.2	61.4	11.2
1990	56.26	0.3	38.0	61.7	8.7
1993	69.96	0.2	37.9	61.9	9.9

注：GDP 增长率为该年度 GDP 与上一年度的比值。

资料来源：日本银行国际局，《国际比较统计》。

第十五节　泰国的例证

泰国地处中南半岛中部，南有2600千米长的海岸线，中部有湄公河的冲积平原，为泰国的主要农业区。泰国也由此一直以农业为国民经济主要产业。1945年日本投降，泰国光复之后，才开始真正的经济建设和工业化进程。工业部门在产业结构中比重不断上升，推动了国民经济的快速发展。从表5-7中可以看到，工业部门比重与国民经济能否快速增长之间有着密不可分的关系。

表5-7 泰国产业结构与经济增长　　　　单位: 10亿泰铢,%

年份	GDP	农业部门比重	工业部门比重	服务部门比重	GDP增长率
1973	541.1	23.0	26.4	50.6	—
1975	592.7	22.5	26.5	51.0	4.9
1978	781.8	20.8	29.8	49.4	10.4
1980	862.5	18.9	29.9	51.2	5.0
1983	1014.8	18.4	31.6	50.0	5.5
1985	1123.4	18.1	31.3	50.6	4.7
1988	1472.6	15.3	34.3	50.4	13.3
1990	1845.9	12.9	37.4	49.7	11.8
1993	232.5	11.2	40.8	48.0	7.8

注: CDP增长率为该年度GDP与上一年度的比值。

资料来源: 日本银行国际局,《国际比较统计》。

　　泰国在战后伊始为典型的农业国,虽经政府着力发展工业,但到1960年农业劳动力仍然占整个劳动力人口的84%。为改变农业国的落后局面,泰国制定了优先发展重化工业的经济发展战略。但由于工业基础薄弱、社会基础设施落后和资金的严重缺乏,这一战略并未取得成功,反而打击了农业部门,整个经济效益严重下降,同时背上了沉重的外债负担,还本付息额一度高达年收入的20%。为此,泰国调整了经济发展战略,从80年代开始制定了建立"新兴农业工业化国家"的经济发展战略。由此,泰国转向发展那些利用本国资源和劳动力优势的工业部门,走"农水畜产品生产和加工立国"的道路;同时,修订了《外资法》,改善了投资环境,使泰国的水产、畜产、水果、木制家具、宝石、纺织服装、鞋类等初级产品加工工业和劳动密集型产业有了迅速发展。而后,利用日元和"亚洲四小龙"货币升值的机会,泰国在扩大出口的同时,吸收了日本等国转移出来的部分技术密集度较高的产业,使整个经济获得了快速、稳定的发展。

从产业结构来看，工业部门逐步成长为国民经济的核心，发挥了牵引作用。1970～1980 年，泰国工业的年平均增长率为 10%，比同期的农业部门高近一倍。进入 80 年代之后，这种倾向仍然没有改变。其中，制造业的增长更为迅猛。1970～1980 年，其年均增长率为 10.6%，1980～1990 年为 8.9%。农产品加工工业、纺织业和汽车工业、电子工业等都是泰国制造业中发展较快的产业部门。

在工业部门的有力推动之下，泰国的经济增长速度一直保持较快步伐。而在工业部门增长放慢的 80 年代中期，泰国经济增长速度也有下落。这充分证实了传统农业国只有在工业化进程中，在工业部门高速发展支撑下，才能实现其高速增长。

第十六节　印度的例证

印度地处南亚次大陆中心，国土面积居世界第七位，人口居世界第二位，1991 年为 8.44 亿人口。印度两面临海，河流湖泊较多，森林约占国土面积的 23%，耕地则占 50% 以上，达 1.73 亿公顷，为亚洲耕地面积之最，对印度农业生产极为有利。印度矿产丰富，煤、铁、锰、钛、菱镁、铍、钍、独居石、云母、白云石等的储量均居世界前列。石油、天然气、铝土、铜、金、铅、锌等矿产也较多，水力资源也较为充足。这些自然资源为印度的经济发展准备了较为优越的条件。

印度一直受英国殖民统治，1947 年 3 月独立之后，才开始其工业化进程。印度政府通过推行"五年计划"，引进外国技术和资本，大力发展公营经济和混合经济，建立起了较为完整的经济体系。从产业结构角度来看，战后印度经济的发展过程，就是工业部门比重不断提高而农业部门比重不断下降的过程，但直到 90 年代初期，工业部门在比重上仍然没有超过农业部门。因此，这一过程作为观察工业部门增长过程对国民经济的牵引作用的范例，更为有益。参见表 5 - 8。

表 5 - 8 印度的产业结构与经济发展　　　单位：10 亿卢比,%

年份	GDP	农业部门比重	工业部门比重	服务部门比重	GDP 增长率
1973	1814. 3	38. 3	21. 8	39. 9	—
1975	2005. 6	38. 5	21. 2	40. 3	9. 2
1978	2313. 5	35. 4	23. 2	41. 4	5. 8
1980	2337. 3	34. 5	23. 0	42. 5	6. 7
1983	2775. 5	33. 7	23. 9	42. 4	7. 4
1985	3034. 2	30. 9	24. 2	44. 9	5. 4
1988	3663. 6	29. 3	25. 0	45. 7	10. 0
1990	4107. 7	27. 6	26. 2	46. 2	5. 2
1993	4449. 6	26. 7	25. 3	48. 0	2. 8

注：GDP 增长率为该年度 GDP 与上一年度的比值。

资料来源：日本银行国际局,《国际比较统计》。

第十七节 马来西亚的例证

马来西亚虽然是岛国，但在西马来西亚沿海和东马来西亚西部拥有冲积平原，为主要农业区；而且，储藏有锡、石油、天然气、铀、镍、锰、铜、铝土矿等，其中锡、石油、天然气的储量丰富，在世界市场上的占有率较高。

马来西亚在 1957 年独立之前，饱受殖民者和侵略者的统治和掠夺。独立之后，马来西亚依靠国际资本和政府支持发展本国经济，经济增长率一直较高，国内生产总值的增长率在 1960 ~ 1970 年为 6.5%，1970 ~ 1980 年为 7.8%；1980 ~ 1990 年为 5.2%。而从产业结构来看，这一过程就是工业部门比重不断增长的过程，参见表 5 - 9。这证实了工业中心社会这一历史阶段中工业部门的核心作用。

马来西亚经济发展主要是由工业部门牵引的。最初，马来西亚主要发展以自然资源为原料的初级加工工业，诸如橡胶工业、石油化工、金属冶炼、木材加工、家具、食品和纺织等劳动密集型和资本密集型工业。但整个经济结构也受到这种经济模式的影响，直到 20 世纪 70 年代末期，马来西亚未能根本改变其农矿初级产品生产国和出口国的单一经济结构，1979 年初级产品出口额在出口总额中的比重仍然高达 82%。但是，初级产品市场价格波动大，在国际竞争中处于相对不利地位。因此，进入 80 年代，马来西亚对经济战略和政策手段进行调整，其中核心的政策就是吸引外资投资制造业。为此，马来西亚政府不仅改善了投资的软环境，而且大力推进了水电、交通运输、通信等基础设施建设。加之，马来西亚政局稳定，劳动力质优价廉，货币稳定，都促使外资流入迅速增加。由此，马来西亚得以调整其产业结构，将劳动密集型产业向工资成本更低的国家和地区转移，同时努力促进电子工业、汽车等相对技术密集型产业的发展。1988 年，马来西亚汽车的年生产能力已达 17 万辆，并已向美英出口。电子工业的发展更为迅速，马来西亚在 80 年代末就已成为仅次于日本、美国的第三大半导体生产国和世界最大的出口国。

正因马来西亚工业部门的迅猛发展，才使马来西亚经济在战后的长期增长过程中得以保持较高的增长率。而 1985 年经济增长率呈现负增长，则是由于这一年的工业部门比重比上一年下降造成的。这从反面说明，工业部门是工业中心社会经济增长的决定力量。参见表 5 - 9。

表 5 - 9　马来西亚的产业结构与经济增长

单位：10 亿吉林特，%

年份	GDP	农业部门比重	工业部门比重	服务部门比重	GDP 增长率
1973	27.06	29.0	33.3	37.7	—
1975	29.55	27.6	32.0	40.4	0.8

续表

年份	GDP	农业部门比重	工业部门比重	服务部门比重	GDP 增长率
1978	37.89	25.1	34.8	40.1	6.7
1980	44.51	22.9	35.8	41.3	7.4
1983	53.58	21.1	36.3	42.6	6.2
1985	57.09	27.8	36.7	35.5	−1.1
1988	66.30	21.0	39.7	39.3	8.9
1990	79.45	18.6	42.1	39.3	9.7
1993	100.95	15.7	44.0	40.3	8.5

注：CDP 增长率为该年度 GDP 与上一年度的比值。

资料来源：日本银行国际局，《国际比较统计》。

第十八节　菲律宾的例证

菲律宾是群岛国家，富优良港湾，矿产资源也非常丰富。早在殖民时代，曾先后沦为西班牙和美国的殖民地，"二战"期间二度为日本侵占，1945 年美国恢复其殖民统治。1946 年 7 月，菲律宾正式独立。菲律宾的经济增长自 20 世纪 50 年代以来，较为鲜明地体现了产业结构演进与经济增长之间的紧密关系，即其经济发展较为迅速的时期，往往就是工业部门比重快速增长的时期；反之，工业部门的增长速度放慢或比重下降的时期，表现在经济发展上就是国民经济增长率下降甚至负增长的时期。

具体而言，整个 50 年代由于成功地推行了进口替代工业的发展战略，菲律宾的工业部门在 50～60 年代都获得了较快的发展。在经济增长方面，50 年代菲律宾曾保持了持续 7% 以上的经济增长率，人均国民生产总值在亚洲仅次于日本。进入 60 年代之后，由于政府政策的失误和缺乏连贯性，工业部门的增长步伐逐步放慢了。加之 70 年代初的两次石油危机的冲击，菲律宾经济发展的国内外环境恶化，经济增长率缩小且起伏不定。70 年代中后期及之后，马科斯政府举借外债兴建了 20 多个以国内市场为主要目标的资本密集型大型工程项目，而忽视了支持工业部门的出口问题。这些资本密集型项目的成本高而效益低，依靠国家对市场的垄断生存，一方面削弱了国内购买力，另一方面也无力打入国际市场，加之传统出口工业部门失去了强有力的政策支持，遂导致国际收支逆差扩大，经济下滑，1984～1986 年连续三年出现负增长。1986 年阿基诺上台之后，采取了一系列调整和改革措施，主要强调发展农业和劳动密集型产业，着力支持制成品出口和劳务输出；同时，推行土地改革、实行部分国营企业私有化、提高利率、改革税收、缓偿外债、吸引外资、建立出口加工区等政策。工业部门由此得到一定恢复，经济增长开始有所起色。但是，由于菲律宾政局动荡，债务沉重，市场经济尚不发达，使许多投资者止步不前。因此，90 年代以来，工业部门再度出现下降趋势，经济增长率也表现出滑坡倾向，从而大大削弱了菲律宾的增长潜力和经济基础。参见表 5 – 10。

表5 –10　菲律宾产业结构与经济增长　　单位：10 亿比索,%

年份	GDP	农业部门比重	工业部门比重	服务部门比重	GDP 增长率
1973	115. 29	10. 4	35. 3	54. 3	—
1975	129. 25	9. 7	35. 5	54. 8	5. 7
1978	150. 52	9. 6	36. 3	54. 1	8. 2
1980	178. 22	8. 5	37. 4	54. 1	8. 4
1983	184. 55	8. 7	35. 1	56. 2	4. 2
1985	196. 59	8. 7	36. 2	55. 1	2. 7
1988	195. 26	8. 3	36. 4	55. 3	1. 0
1990	210. 54	8. 0	37. 6	54. 4	4. 2
1993	225. 63	7. 6	37. 3	55. 1	0. 4

注：GDP 增长率为该年度 GDP 与上一年度的比值。

资料来源：日本银行国际局，《国际比较统计》。

第十九节　澳大利亚的例证

澳大利亚国土辽阔，自然资源、渔业资源十分丰富。早在 1788 ～
1900 年的殖民地时期，澳大利亚就主要以农业和矿业为主。而后，虽
然工业部门有了一定发展，但这种情形直到"二战"前仍然没有根本
改观。"二战"结束以后，澳大利亚工业部门才获得较快发展，整个
经济结构有了较大变化。

"二战"以后，特别是 20 世纪 50 ～ 60 年代，澳大利亚积极推动工
业生产，使制造业、矿业、建筑业和服务部门都有迅速发展。80 年代
初期，澳大利亚遇到特大旱灾，加之资本主义国家普遍陷入萧条，国
际市场需求不振，1981 ～ 1982 年澳大利亚经济出现了严重衰退。为
此，澳大利亚政府从 1983 年开始推行经济改革，包括调整产业结构、
改变汇率政策、放松信贷控制、取消外汇管制以及降低关税等。这些
改革措施带来一定的有利因素，贸易条件有所改善；制造业劳动生产
率迅速增长，达到了整个经济增长速度的两倍。表 5 - 11 中工业部门
比重的变化在一定程度上也说明了澳大利亚经济增长的内在机制。

表 5 - 11　澳大利亚的产业结构与经济发展　单位：10 亿澳元,%

年份	GDP	农业部门比重	工业部门比重	服务部门比重	GDP 增长率
1973	202.42	4.8	35.5	59.7	—
1975	208.14	5.1	34.7	60.2	2.8
1978	225.45	5.6	34.0	60.4	5.3
1980	238.59	4.1	34.6	61.3	3.0
1983	254.61	5.0	31.7	63.3	6.6
1985	277.21	4.5	32.4	63.1	3.7
1988	312.25	4.0	32.2	63.8	4.4

年份	GDP	农业部门比重	工业部门比重	服务部门比重	GDP 增长率
1990	319.47	4.5	31.3	64.2	-0.6
1993	334.50	—	—	—	4.2

注：GDP 增长率为该年度 GDP 与上一年度的比值。

资料来源：日本银行国际局，《国际比较统计》。

第二十节　中国的例证

一、产业结构与经济增长

中国自改革开放以来，在第二次产业迅速增长的推动下，经济实现了快速发展，与同时期服务化国家经济的衰退形成了鲜明的对比。

从具体发展阶段来看，1976～1980 年年均增长率为 7.84%，1981～1985 年年均增长率为 10.72%，1986～1990 年年均增长率为 7.9%，1991～1995 年年均增长率为 11.8%，1995～2000 年年均增长率为 10.29%，2000～2005 年年均增长率为 13.26%，2005～2010 年年均增长率为 16.57%。

在此期间，第一次产业在 1978～1980 年比重从 28.37% 升至 30.4%，此后一路下降，2009 年降至 10.33%；第二次产业始终保持着较高的比重，在 1978～1980 年从 48.63% 一度微升至 49.04%，1990 年降至 43.65%，1995 年增至 48.8%，2000 年再增至 50.2%，此后微降至 2010 年的 46.24%；第三次产业在 1978～1980 年比重从 23% 降到 20.56%，而后一路攀升，至 2009 年已经达到 43.43%。参见图 5-8。[1]

---

① 根据《中国统计年鉴》及世界银行数据得出。

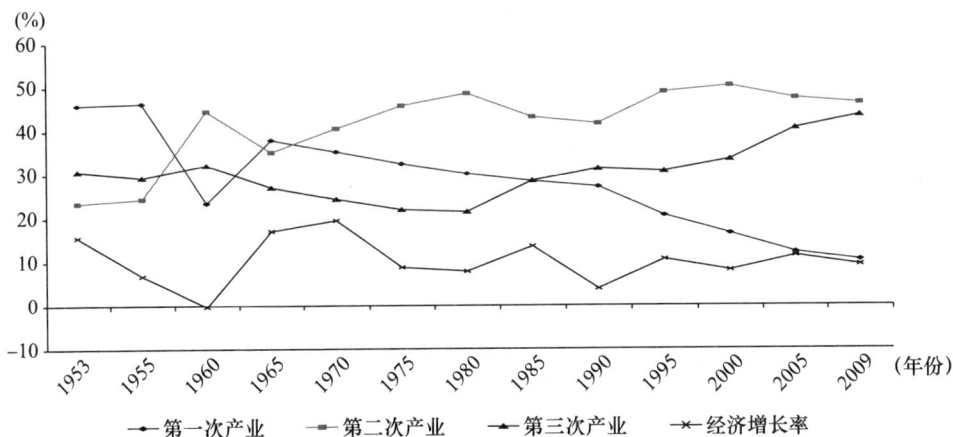

图 5-8　中国经济增长与产业结构

资料来源：2000 年前数据源于《中国统计年鉴》；2005 年后数据源于世界银行网站，http：//data-bank. worldbank. org/ddp/home. do？ Step＝12&id＝4&CNO＝2。

可见，尽管中国与美国、日本等国发达程度在整体上还有一定差距，但同处于工业社会这一历史阶段之中，因而也会表现出第二次产业直接带动经济增长、第二次产业的波动与经济增长之间存在正相关关系的特征。特别是 1985 年以后，随着中国第三次产业偏低的产业结构失衡现象得到初步解决，第二次产业增长与经济增长的正相关关系表现得非常显著。

二、关于工业部门决定作用的实证分析

关于中国经济增长过程中的产业结构演进形态的研究，可谓汗牛充栋。为此，本书不再赘述。兹通过最简单的数量分析，对中国经济增长与工业部门的关系进行实证分析，确证工业部门在当前工业社会的决定性作用。出于学术的严谨性考虑，我们同时对中美进行比较分析。由此则可进一步证明，服务业比重不断扩大的美国经济增长仍然是由工业部门决定的，而非服务部门；当前的经济社会发展阶段仍然是工业社会，而非后工业社会。

受资料获取限制，我们无法获取具有完整性和连续性的样本数据以展开面板分析，在此仅以美中两国为案例进行简单的数量分析，以考察产业贡献率与经济增长率之间的内在关系。

第一，从产业贡献率来看，工业部门与经济增长基本同步。

计量一个产业或一个产业部门对经济增长的贡献程度，往往使用产业贡献率的概念，即各产业增加值增量与生产总值增量之比。设 $d_t^{(i)}$ 为第 t 年第 i 个产业的产业贡献率，y_t 为第 t 年国民生产总值（GDP），g_t 为第 t 年国民生产总值增长率（经济增长率），$y_t^{(i)}$ 为第 t 年第 i 个产业增加值，$g_t^{(i)}$ 为第 t 年第 i 个产业增长率，$w_t^{(i)}$ 为第 t 年第 i 个产业所占的比重，则三次产业贡献率的计算公式为：

$$d_t^{(i)} = \frac{y_t^{(i)} - y_{t-1}^{(i)}}{y_t - y_{t-1}}$$

并可化作：

$$d_t^{(i)} = \frac{w_{t-1}^{(i)} g_t^{(i)}}{w_{t-1}^{(1)} g_t^{(1)} + w_{t-1}^{(2)} g_t^{(2)} + w_{t-1}^{(3)} g_t^{(3)}} = \frac{w_{t-1}^{(i)} g_t^{(i)}}{g_t}$$

进一步，根据已有的数据特性，进一步推导公式为：

$$d_t^{(i)} = w_t^{(i)} + \frac{w_t^{(i)} - w_{t-1}^{(i)}}{g_t}$$

由此，美国三次产业贡献率和中国三次产业贡献率在经济增长过程中的长期波动趋势如图 5−9、图 5−10 所示。其中，美国自 20 世纪 50 年代初国民经济从战争状态初步恢复过来走入正轨之后，经济增长率的波动基本上与第二次产业贡献率保持了同步。而中国自 1978 年改革开放以来，第二次产业的贡献率都表现出了与经济增长率波动的相关特征。由此可见，两国第二次产业贡献率与经济增长率的波动之间都存在正相关关系。由此，也可进一步从经验判断上说明，经济增长的主要推动力量来自第二次产业。

第二，从经济增长率与产业贡献率的相关关系来看，工业部门为正相关，服务部门为负相关。

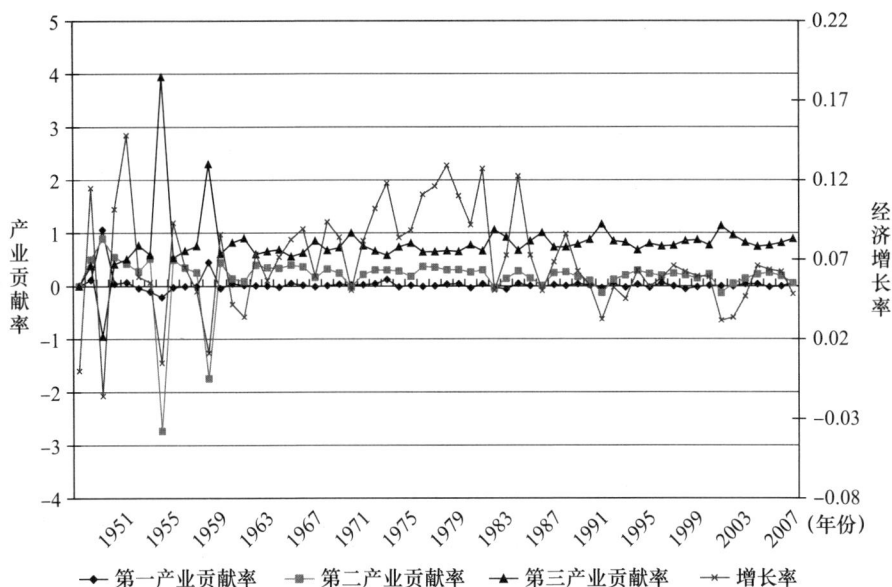

图 5-9　美国经济增长率与三次产业贡献率关系

资料来源：美国商务部网站。

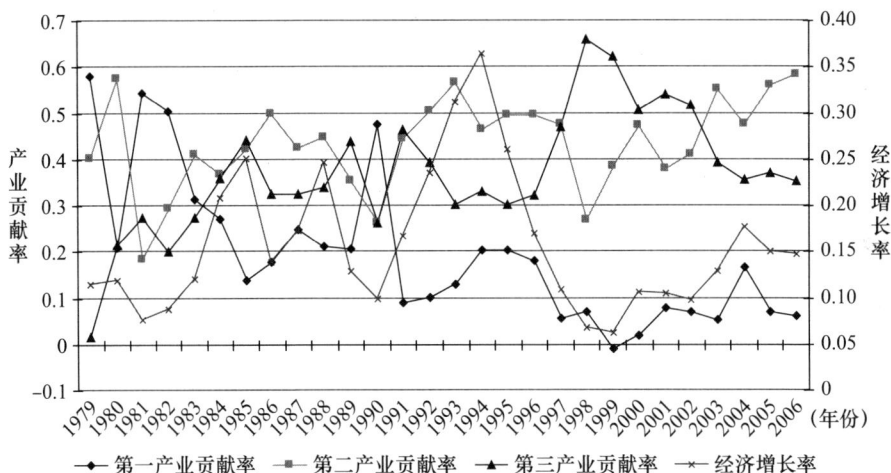

图 5-10　中国经济增长率与三次产业贡献率关系

资料来源：《中国统计年鉴》。

为进一步考察中美两国产业结构与经济增长的内在关系，我们通过相关分析来考察各变量间相互变化的关联关系，分别计算 GDP 增长率（GDPRATE1）与第一产业贡献率（CR11）、第二产业贡献率（CR12）、第三产业贡献率（CR13）的相关系数 r_{11}，r_{12}，r_{13}。相关系数的取值范围为［-1，1］。正负值表示相关的方向为正或反，当取值等于 0 或接近 0 时，说明两变量呈现不规则变化，没有一定的关联性。设 x 为产业贡献率，y 为 GDP 增长率，r_{1j} 代表按当年价格计算的 GDP 增长率与第 j 产业的相关系数，r_{2j} 代表按消除通货膨胀处理后计算的 GDP 增长率与第 j 产业的相关系数，j＝1，2，3。则相关系数 r 的计算公式可表示如下：

$$r = \frac{\sum (x - \bar{x})(y - \bar{y})}{\sqrt{\sum (x - \bar{x})^2 \sum (y - \bar{y})^2}}$$

首先，我们来考察美国经济增长与产业结构的内在关系。根据 1948~2007 年美国历史数据，以当年价格计算出第一产业（CR11）、第二产业（CR12）、第三产业（CR13）的产业贡献率以及 GDP 增长率（GDPRATE1）。通过 SAS 软件分别计算相关系数 r_{11}、r_{12} 和 r_{13}，得出结果如下：

$r_{11} = -0.22985$，$r_{12} = 0.44007$，$r_{13} = -0.32968$

我们再根据 1948~2007 年美国历史数据，按环比价格计算出第一产业（CR21）、第二产业（CR22）、第三产业（CR23）的产业贡献率以及 GDP 增长率（GDPRATE2）。通过上述方法，计算 GDP 增长率（GDPRATE1）与第一产业贡献率（CR11）、第二产业贡献率（CR12）、第三产业贡献率（CR13）的相关系数如下：

$r_{21} = -0.25710$，$r_{22} = 0.45885$，$r_{23} = -0.35289$

由此证明，美国的 GDP 增长率和第二次产业呈明显的正相关关系，而与第一次产业、第三次产业呈负相关关系。换言之，尽管美国在产业结构比重的绝对值上是第三次产业占据优势地位，但其经济增长的动力还是主要来自第二次产业。即在美国，第二次产业具有明显的拉动经济增长的作用，而第一次产业、第三次产业刚好相反。

其次，我们再考察中国经济增长与产业结构的内在联系。根据
1978～2006 年中国历史数据，以当年价格计算出第一产业（CR11）、
第二产业（CR12）、第三产业（CR13）的产业贡献率以及 GDP 增长
率（GDPRATE1）。根据上述计算方法，通过相关分析考察变量间的相
互变化的关联关系，分别计算 GDP 增长率（GDPRATE1）与第一产业
贡献率（CR11）、第二产业贡献率（CR12）、第三产业贡献率
（CR13）的相关系数如下：

$r_{11} = -0.11474$，$r_{12} = 0.43420$，$r_{13} = -0.18901$

即中国的 GDP 增长率和第二次产业也呈明显的正相关关系，而与
第一次产业、第三次产业呈负相关关系。中国的数据分析结果亦可证
明我们前面提出的理论假说。所不同的是，中国的第三次产业长期滞
后，制约了经济发展。因而，在中国，第三次产业的增长对第二次产
业的发展也不无积极的促进作用，故而其对经济增长的副作用要比美
国小得多。

最后，通过数量分析，进一步证明传统产业结构理论的历史局限
性。我们通过经验数据的分析可以初步推断，在产业结构与经济增长
的关系上，第二次产业快速发展与经济增长率的变动存在着正相关的
关系，而第三次产业恰恰相反。换言之，一个经济体进入工业化之后，
第二次产业将逐步成为经济增长的主要动力。在此，世界最大经济体
并声称已进入"后工业社会"的美国和正处于工业化中期阶段的第二
大经济体中国的案例，都证明了经济增长的动力主要来自第二次产业。

第六章 现实的证明：服务化的恶果

长期以来，服务化，即所谓"后工业化"——亦即第二次世界大战结束以来，发达资本主义国家服务部门在国民经济中的比重不断增加至占据绝对优势的倾向——被视为一般规律，被视为大势所趋。由此，西方经济学者依据克拉克法则，认为工业社会已结束，后工业社会已经来临。

前文已述，服务业比重的提高是在工业中心社会内部一个特定时期出现的暂时性特征，不可能成为长期的、不可逆的趋势，更不可能成为超越工业中心社会后出现的一个新的产业社会。在此，我们通过对英国、美国、日本三国服务部门的膨胀现象以及亚洲金融危机的剖析，进一步回答这个问题。

第一节 服务化的出现及其本质

一、服务化的出现

前文已述，服务业比重上升只是经济发展的过程，不是经济发展的必然趋势。这种服务业比重超过工业部门并持续上升的态势，具有经济增长长周期的过程性，即它只是在两次工业革命之间的历史阶段出现的阶段性现象。一方面，服务部门比重上升是因工业部门衰退而出现的，因此伴生着经济增长率的下降，是经济衰退的结果；另一方面，它也将因人类社会不可避免的新产业革命的到来、因工业部门的再次增长而消失。

然而，20世纪70年代之后，"服务化"却在多个发达国家同时出现，并有长期化的倾向。而且，这一过程虽然伴生着经济增长率的下滑，但并未出现长期的负增长。这使得西方庸俗经济学家仅从现象出发，依据克拉克法则，错误地认为服务化是未来的发展趋势，后工业社会已经到来。对此，我们已经在前面通过理论分析，批判了克拉克法则的谬误。从20世纪70年代以来的现实来看，服务化倾向的这种态势是多种因素造成的。

第一，20世纪70年代以来的服务化，是第三次工业革命高潮过后正常的阶段性现象。从人类产业革命的历史进程来看，"二战"后的经济快速发展时期，是兼有第二次工业革命和第三次工业革命作用的结果。20世纪初的第二次工业革命，在第一次工业革命的基础上，依靠内燃机技术、电力技术、石油化工技术基本确立了工业社会的产业体系。但这一工业革命进程被30年代的经济危机以及随后到来的第二次工业革命打断，直到"二战"后主要资本主义国家重建经济才逐步确立起这一产业体系。因此，战后的经济发展实际上是传统的第二次工业革命成果加上少数产业领域的技术创新所带动的发展。这一过程持续到70年代，基本上在主要资本主义国家实现了工业体系的建立和完善，所以在这些国家出现了"成熟化"的现象。这种工业体系基本完备状况下产业技术创新的停滞，必然带来工业部门增长的迟缓，服务业比重在发达国家的上升也是正常现象。

第二，"二战"后的第三次工业革命并不是一场彻底的产业革命，只是微电子（以及后来的IT）技术、核能等新能源技术、新材料技术、生物工程、海洋工程等领域的局部的产业创新。而事实上，除微电子技术顺利发展，带动家用电器、IT产业的出现并蓬勃发展外，其他技术创新并未形成较大的产业规模，核能技术则因其军事功能而长期未能实现民用化。第三次工业革命的这种个别产业技术创新的特性，具体表现为微电子、IT 技术以及新能源、新材料、生物工程、海洋工程等产业技术创新过程的延长，这使得 20 世纪 70 年代后虽然整个工业体系的技术创新过程停滞了，但个别产业领域仍然不断出现小的技术进步与创新，不断出现新的朝阳产业，于是，出现了整个经济结构中的服务化和工业部门个别产业创新拉动经济发展的"结构性增长"态势。这使得不看长期工业部门作用而只看服务业比重提高、不看经济增长长期减速而只看经济总量尚在绝对扩大的人们误以为这种保持经济缓慢增长的服务化就是未来的发展方向。

第三，产业的国际间转移带来了发达经济服务化的倾向。"二战"以后到 20 世纪 70 年代初期的"石油危机"阶段，是发达国家经济快速发展的时期。而随着美国、日本、欧洲等发达经济的成熟，以纺织业为代表的轻工业、以钢铁化工为代表的重化工业等传统产业，由于劳动力、土地等成本压力大，需求主要集中在海外市场，技术相对成熟，而出现了从发达国家转向发展中国家的倾向。这一态势大体上从 60 年代中期就已经开始，到 80 年代初即在亚洲培育了号称"亚洲四小龙"的韩国、新加坡、中国香港、中国台湾等新型工业经济。而在中国推进改革开放之后，国际产业向中国的转移更加显著，助推中国实现了长达 30 多年的年均超 10% 的高速增长。而与此同时，印度、泰国、越南等国家也在不断吸收国际产业的转移。这种情形，自然而然地降低了工业部门在发达国家经济中的比重，这使得以丹尼尔·贝尔为代表的未来学者从其自身角度出发，认为未来的经济发展方向就是"后工业社会"，而忽视了物质生产部门在经济活动中的基础和主体作用，更忽视了世界经济已经结为一体，忽视了发达经济的服务化是以其他新兴经济体的工业化为条件和前提的。

二、服务化的本质

如前所述，所谓"后工业社会"并非一个已经超越了工业中心社会的新型产业社会。它的基本特征，即物质生产部门特别是工业部门比重的大幅下降与服务部门比重的不断上升和居高不下，只是工业中心社会内部的一个特定历史时期的表现，是工业技术在实现质变之前无力解决其与生产关系、社会物质精神需要之间矛盾的反映。这在本质上决定了服务部门的这种扩大是暂时的、有限的现象，它根本不会阻止或改变工业部门发展的无限性。

首先，从社会需要来看，随着物质方面有效需求的相对饱和甚至停滞，精神需要表现出迅速扩大的倾向。但是，精神需要是以物质产品为载体的，人们所能够享受的服务内容、所能利用的服务设施和服务手段都是由物质生产部门所提供的；人们能够用来享受服务的闲暇也是劳动生产率提高的结果。因而，服务部门的经济活动只能局限于物质生产部门，特别是工业部门生产力所给定的范围之内。因此，服务部门的扩大是有限的。而工业部门则是通过变革自身的产业技术来不断发展的，它的发展才是无限的。

其次，从生产力发展的角度来看，由于工业部门产业技术的相对停滞和服务部门劳动生产率的提高所带来的所谓"后工业化"现象也是暂时的。这一方面是由于科学技术的进步、产业技术的革命是不可阻挡的；另一方面则是由于服务部门工作效率的提高不仅只能在工业部门所能够给予的技术能力范围之内，而且其对经济社会的作用也是利弊参半的，甚至有很多虚假成分。

一方面，工业部门的衰弱将从根本上削弱服务业发展的基础。20世纪70年代以来，服务部门的劳动生产率提高很快，并已逐步导入办公自动化系统，使其超额利润膨胀。但与此同时，大批从业人员被挤出，使整个经济的就业状况严重恶化，给国民收入带来消极影响。这一结果，反过来又从根本上削弱了服务部门的消费需求。

另一方面，在物质生产部门衰退的条件下，服务部门的膨胀必然带有虚假成分。因为，服务部门中直接为生产过程服务的实体部分都只能在物质生产部门要求的、在产业技术限定的范围内活动，或有一定衰退，或有暂时增长。而只有那些虚拟经济部分，如金融、证券、期货、房地产等，才能脱离物质生产活动而恶性膨胀。现实中，政府发行公债、增发货币、降低利率等经济干预政策带来的通货膨胀，直接扩大了虚拟经济；收购土地、公布不切实际的经济计划等做法，又会人为地抬高虚拟资本的价格，推动投机活动的猖獗。日本、美国的例子都说明了这一点。因此，这种由虚拟经济膨胀带来的服务部门的扩大，不仅不能说明服务部门取代了工业部门在国民经济中的主导地位，甚至连其自身真正意义上的扩大也不能说明。

再次，正是由于服务部门的膨胀带有这种虚拟性，所以它对经济发展的作用也是有限的、暂时的。尽管在特定时期内，它可能带来整个经济的膨胀，但这种"泡沫经济"很快就会破灭。而且，"泡沫"越大，给经济带来的消极影响就越深刻、持久。从主要发达国家转入所谓"后工业化"以来的经济增长速度来看，其都有大幅度的下落，与工业部门迅速发展时期形成鲜明对照。这一点，参考第五章里主要发达国家产业结构演变与经济增长率关系的数据图表就不难看出。

最后，应该看到，服务部门的扩大，是物质生产部门在内涵和外延上扩大的结果。在内涵上，物质生产部门的技术进步，一方面带动了整个经济的发展，创造出了更多的需求能力和闲暇；另一方面为服务部门提供了更多、更好的设备、工具，直接提高了其劳动生产率。在外延上，物质生产部门不断将其生产过程中的一部分分离出来，使之独立为一个专业部门。如履行产品实现职能和进行生产资料购买活动的商业，实现劳动者、生产资料、产品位移的交通运输业，提高劳动者素质的教育业等，都是物质生产过程的一部分。而由于今天人们对物质生产部门的狭义理解，这些部门在统计上都已纳入服务部门，在形式上造成了服务部门的兴盛。而在实质上，从整个生产过程来看，正是物质生产部门的扩大构成了服务部门扩大的真正内容。

第二节　英国经济衰退的例证

"二战"后，由于是战胜国，又有老牌发达国家不甘美国独霸世界之嫌，故英国在以美国为主导的第三次技术革命之中，并未得到像日本、德国一样的优惠照顾。历届政府奉行凯恩斯主义经济政策，但经济长期"滞胀"，处于"走走停停"的局面。产业技术老化之病虽然有所改善，但技术进步速度终不敌日本、德国、美国等国。因此，英国的经济服务化比美国、日本都早得多。

从产业结构上看，英国在 20 世纪 70 年代表现为工业部门的停滞和爬行式的增长，服务部门则有较快发展，工业部门和服务部门表现等幅落涨。80 年代，英国由于大力扶植工业部门，使经济增长速度有所回升。但是，总的看来，经济衰退从 50 年代开始就已表现出来。直到 90 年代之前，经济增长速度呈缓慢下降趋势使英国成为"发达国家病"的典型。

第二次世界大战之后，英国历届政府一直奉行凯恩斯主义政策，导致财政危机和通货膨胀，经济发展却未见起色。1979 年保守党执政之后，改行货币主义经济政策，削减了公共事业开支和财政赤字，降低了通货膨胀率，刺激了经济增长；同时，采取了一系列政策措施，加快了产业结构调整的步伐；高技术产业受到扶持，并获得迅速发展，1985 年以来，高技术产业的平均增长速度为 18%。这种发展推动了传统工业部门的改造，提高了它们的竞争力。1982~1988 年，英国 GNP 平均增长率达到 3.6%，不仅是战后以来最高的，而且也高于欧共体成员国的平均值；同时，财政收支由长期赤字转为盈余，1990 年的财政盈余达到 70 亿英镑，国民经济素质得到一定程度的改善。①

而 90 年代以来，由于新的技术革命尚在酝酿之中，日本、欧洲等工业国都陷入萧条之中，美国经济虽然发展势头较好但无力单独支撑世界经济全局，致使英国经济增长速度也开始出现新的下滑。工业部门长期衰退之后，服务部门也失去了支撑和活力。

第三节 美国经济衰退的例证

美国在其立国以来，经济发展经历了第二次工业革命、第三次工业革命两次工业高速发展时期。第二次工业革命的工业快速发展后，经历了 20 世纪 30 年代大危机，随后即为第二次世界大战打断。美国走过了观战、助战、参战的历程，靠军事工业拉动，顺利渡过衰退期，并在"二战"后成为第三次工业革命的主要发源国。此后，美国经历了工业部门拉动的快速增长时期，而后开始了经济衰退的进程。

一、第三次工业革命周期的终结

"二战"结束以来，美国经济增长率平均水平一直处于下降趋势之中。从产业结构来看，服务部门比重直线上升；相比之下，工业部门和农业部门的比重都表现出长期的下降趋势。

20 世纪 60 年代初，美国工业部门开始衰退。自 60 年代中期之后，制造业劳动生产率的增长逐年下降。传统工业中的纺织、皮革、服装等轻纺工业比重继续下落，但这种下落的幅度并不是很大；相对应地，服务部门比重则开始大幅度增长。这主要是由于，美国的服务部门，特别是金融、贸易等业，仍然握有足以左右全球的实力，可以利用其

---

① 中国社会科学院世界经济与政治研究所，世界经济编辑部．当代世界经济实用大全［M］．北京：中国物价出版社，1994：444.

垄断优势从各国工业部门利益中分得较大份额。所以，总体上经济衰退并不显著。

20世纪70年代以来，由布雷顿森林国际货币体系和以关贸总协定为主的国际贸易体系支撑的资本主义世界经济体系开始崩溃。加之石油危机的冲击，美国和其他发达资本主义国家一样，经济受到打击，转向衰退。重工业中的钢铁、造船等由于设备老化、成本过高而开始出现衰退倾向；汽车行业由于一直忽视节油汽车的开发从而在国际竞争中失去优势；加之这些重化工业的工资和劳保福利水平很高，拉升了生产成本，使它们成为"夕阳产业"。与此同时，也有许多新兴产业部门，特别是高技术产业，得到了较快的发展。此后，工业部门由于缺乏革命性技术而不能摆脱长期萧条局面。从80年代开始，工业部门在经济中的比重出现了大幅度的下落。

这一阶段，服务部门比重无论在就业还是产值方面都有急剧的增加。个人消费支出中的劳务项目比重不断上升，超过了半数。当然，其中也有服务部门的通货膨胀率远远高于其他部门因素的作用。在对外贸易中，运输、通信、保险、广告、投资收益增长显著，使劳务贸易比重逐步提高，并保持大量顺差，成为弥补国际收支逆差的重要手段。同时，一些新兴的服务行业如计算机信息处理、房地产、公共关系、管理咨询、设备租赁等也大批出现了。服务部门的增长，一方面是劳动生产率提高的结果，另一方面也是精神需要相对于物质需要扩大所造成的。此外，美国政府还通过财政拨款支持娱乐、旅游设施的建设和教育、科研投资。70年代后期，特别是里根执政以来，进行了一系列改革，对运输业、通信业、金融业也有较大推进。

从产业结构上看，20世纪50～90年代既表现为服务部门比重的长期居高不下和增长势头，又表现为工业部门的长期衰退。但是，这一过程在整个经济上则是一个长期的衰退过程。而近年来工业部门的活跃带动了经济增长，再次说明了服务部门不能成为中心产业部门，而工业部门与经济增长之间则有着内在的必然联系。

二、IT 革命及其局限性

20 世纪 90 年代，IT 革命在美国兴起。此后，通过"信息高速公路"互联网的建设，IT 技术及其产品被迅速推向整个世界市场。IT 经济给美国带来了整个 20 世纪 90 年代的繁荣，但并未改变美国经济服务化的倾向。

IT 产业主要包括两个领域，其一是 IT 机械制造业，其二是 IT 服务业。美国 IT 的繁荣，虽然首开 IT 技术产业化之先河，但未能与整个工业体系生产活动深入融合，主要是作为消费品给市场带来了活力。基于 IT 技术的新办公机械、新的文字处理及信息处理机械，成功地改变了人们的消费结构。IT 机械生产则主要由美国、日本完成，而美国占 80% 左右的绝对优势。加之伴随着 IT 机械的推广，软件服务业蓬勃兴起，从而带动了美国经济的长期繁荣。

但是，这一过程并未改变美国经济服务化的倾向。一方面，IT 机械具有价格高、使用期长的特征，属于耐用消费品，因而在经过一段时期的普及性市场扩大之后，市场增长进入缓慢发展时期，对价格成本的压力增大。而随着美国自身生产成本的提升，其 IT 机械的生产活动在 21 世纪之后也开始逐步转向新兴经济体。而与此同时，IT 经济使得美国经济更加体会到其在国际分工体系中高端位置的重要性，创业者更加关注高科技，而放弃传统工业，加速了传统工业部门海外转移的进程。另外，代表 IT 产业发展新水平的软件开发等信息服务业继续以美国为据点快速发展，强化了美国经济服务化的倾向。

而从整个产业体系进化的角度看，美国的 IT 经济繁荣并未改变整个产业体系的重化工业特征，IT 机械在生产领域的应用主要是产业机器人的推广，但产业机器人的主要功用在于提高生产效率、强化生产的精度，但并不改变生产核心技术自身。借助产业机器人生产的汽车不会因此而变成飞机，只是更加精美、质量更高而已。这使得美国的 IT 繁荣仍然无法改变传统生产体系核心技术停滞的态势，从而为后来的"次贷危机"埋下了伏笔。

三、"次贷危机"的根本原因

从现实来看，美国"次贷危机"诱发全球性金融危机，是实体经济衰退的结果，也证明了依靠第三次产业特别是虚拟经济来追求经济增长是本末倒置、贻害无穷的。金融危机在本质上是实体经济发展困境的表现。美国自20世纪70年代以来，第二次产业日益衰退，实体经济增长缓慢，以第二次产业革命、第三次产业革命为基础的重化工业技术体系已经老化。20世纪90年代，美国发起了IT革命，但IT技术只是实现了重化工业技术的精密化、网络化和快捷化，并不改变重化工业技术本身的老化状态，而且IT革命所带来的信息机械、信息服务的繁荣也只维持了十年。进入21世纪后，美国第二次产业更加低落，整个经济动力匮乏，导致有效需求不足。为此，美国金融大亨们利用金融衍生品的创新，制造金融泡沫以刺激有效需求的扩大，并提前实现了大量需求。但由于实体经济仍然增长乏力，所创造的财富增长不能解决金融泡沫的虚拟部分，最终导致了危机的爆发。

第四节 日本泡沫经济的例证

20世纪70年代后，日本经济开始表现出"服务化"的倾向。工业部门，特别是以重化工业为中心的制造业转入衰退、调整，但日本政府追求高速增长的欲望并未减弱，采取了一系列财政、金融政策。然而，由于工业部门尚未调整完毕，财政、金融优惠主要为服务部门吸收，导致了经济在投机中的恶性膨胀。

在上述背景下，产业结构开始发生变化。从统计上看，工业部门并无太大的衰落。但是，增长速度的滑坡，恰好从反面说明工业部门对经济发展的贡献度已大大降低了。而从经济运行的内在机制来看，更可以发现工业部门的作用大大削弱，甚至绝对地低于服务部门。

1971 年尼克松冲击之后，工矿业生产增长率降至 1.9%。田中内阁推出"列岛改造论"，引起投机风潮。大企业竞相购买土地，以期地价上涨，从中渔利，致使不动产业、商社、建筑业、私营铁路公司、银行、保险公司及制造业中的纺织、有色金属等部门都加入了买地的行列。金融机构把随地价上涨而飞速增大的土地担保能力作为抵押，积极提供资金。于是，地价暴涨之风席卷日本，导致土地、股票投机猖獗，物价飞涨，资产通货膨胀（Stock Inflation）已相当严重。此后虽有提高存款准备率的对策，但是在通货膨胀的影响下，利率已相对较低，从而酿成了严重的通货膨胀。在此期间，名义 GNP 一直表现为高速增长，使日本政府误认为其政策得力，遂为 80 年代末期开始的"泡沫经济"埋下伏笔。

1973 年 10 月，爆发了石油危机。基础物资的价格也随之暴涨，迫使政府公共事业的增长减速，地价上涨失去了后盾，终令这场恶性膨胀崩溃。工矿业生产大幅下落，年增长率直落为 9.7%。在石油危机的冲击下，以重化工业为中心的高速增长宣告结束。工业的重心转向内部调整，导致民间设备投资增长率低落，经济转入低速增长时期。

此后，日本金融业逐步走向自由化、国际化。同时，以计算机为中心的现代化办公系统的导入，带来了金融业的技术革命，但吸收就业的作用大大降低了。金融与商业之间的结合也日益紧密。在银行的支持下，商业采用了分期付款的竞销方式，特别是土地价格暴涨、通货膨胀恶化时期，必然依赖信贷手段。这种住宅长期贷款也构成了后来"泡沫经济"中地价飞涨的背景之一。此外，经济活动转向虚拟化。企业不再需要大量资金投资，转而发行公司债券以利用短期流动资金，在现期市场上套利。个人因收入增长减慢、资产余额增大而重视利息收入比重的提高。

80 年代初期，美国经济恢复和实际利率的提高，为日本出口创造了极佳条件。1974 ~ 1985 年，日本实际国民生产总值的年增长率平均达到 4.3%，而出口贡献度则高达 35%，大大超过了 1965 ~ 1973 年的经济年增 9.4% 时期的出口贡献度 16%。此时，经济的动力回到了工业部门，但贸易摩擦随之加剧。

1985 年西方五国财长会议之后，日元迅速升值。电力、煤气等服务产业大为好转。相反，工业部门出口产业受到巨大打击，特别是出口比率高、对进口资源依存度小的加工型重工业，利润大幅度下降。但以美元表示的经常收支黑字却有大幅度的扩大。同时，批发物价下降，零售物价保持平稳，意味着企业附加价值的扩大。因此，1986 年工矿业生产率比 1985 年只下降了 0.2%，然而经济增长率却从 1985 年的 4.8%降至 2.9%，再次说明了工业牵引力的衰弱。

贸易摩擦的加剧和贸易黑字的激增，使日本的国际环境严重恶化。在国际社会的压力下，日本被迫转向"内需"型增长。为此，日本政府推出大型振兴内需政策。在财政方面，1987 年以后屡次推出以大型公共事业投资、住宅金融公库融资、减税补偿等为主要内容的"紧急经济对策"；在金融方面，1987 年 2 月将官定利率降至 2.5%，并一直持续到 1989 年初。这些政策与日元升值带来的实际消费能力增长、消费心理膨胀结合在一起，促成了名为"平成景气"的"泡沫经济"的恶性膨胀。

在此，内需带有相当的虚拟色彩。而物价的相对稳定，使日本政府对通货膨胀的警惕意识消失了，推出本不需要的低利率政策以应对日元升值，以大型财政政策刺激景气。但是，重化工业制成品在日本多已饱和，高档名牌产品、小汽车和住宅消费迅速扩大。工业部门一方面开始扩大设备投资，另一方面在"经营多角化"名义下将经营扩大到其他产业，特别是利润前景极具魅力的不动产业，遂使企业的资金需要空前膨胀了，而贷款利率的降低恰好提供了良机。由于金融自由化的影响，银行业的成本也有提高，使贷款强烈地倾向于利润高的不动产业、非金融性银行和个人需要。于是，土地价格和股票价格在投机这种中间需要的激增中暴涨，脱离了正常的最终需要的价格决定范围。随着地价、股价的高速增长，企业、个人、银行纷纷以土地作为抵押来进行借贷款。经济景气的重心渐渐转移到膨胀起来的以地价、股价为抵押的住宅借款、投资借款所推动的土地投机、股票投机、企业设备投资和个人的贵族化消费之上，而脱离了最终需要的实际增长。

1989 年转向紧缩金融政策之后，一切曾经支持股价上升的因素都逆转为反面因素。股票作为投机对象的理由不复存在，企业也由于股价下落导致财政困难，资金更难获取，投资意向降低，进一步降低了股价。地价在 1991 年后也转向下落。消费者心理大受打击，耐用消费品、住宅的投资转入低迷。1992 年始，整个经济转入调整局面。虽有多次大型财政政策和比"泡沫经济"时代更低的超低利率政策的刺激，经济仍回升乏力。

第五节　亚洲金融危机的例证

一、亚洲金融危机的生成及其机制

1997 年 7 月爆发的泰国金融风暴，迅速扩散并引发了东南亚各国的金融危机，又进一步波及东北亚的韩国、日本、俄罗斯等国，几乎覆盖了除中国大陆外的所有东亚国家和地区，而且其影响还在继续扩散。从这个意义上讲，这场金融危机不能以"东南亚金融危机"来概括，而应将其视为整个东亚甚至亚洲的金融危机。从这次金融危机生成的内在机制来看，可以认为是 20 世纪 90 年代初期日本"泡沫经济"破灭在东南亚各国的延续和重现，是在日本经济长期萧条、对外直接投资萎缩的背景之下，由东南亚各国不合时宜的强行发展政策、不尽完善的金融管理体制和虚拟经济恶性膨胀导致的后果。

众所周知，随着泡沫经济的破灭，日本自 90 年代初期陷入了战后以来为期最长的萧条，丰田、索尼、松下等大型跨国公司纷纷缩小其在国外的直接投资，而其中主要是缩减在东南亚的长期生产资本。而由于东南亚各国资本和技术有限，一直依靠引进外资特别是日本资本来提高其技术水平，支撑其出口产业，日本企业抽回资本，不仅减少了东南亚诸国的资本供给，而且导致了东南亚各国在外资结构上不得不转而依靠流动性强、风险大的短期资本，将其金融领域推向了不稳定的边缘。

在此背景下，泰国由于虚拟经济的恶性膨胀和政府政策的失误，在1997年下半年首先爆发了金融危机。20世纪80年代以来，泰国通过发展以廉价劳动力为主要资源的出口加工业，使经济获得了较为迅速的增长。1985～1995年，泰国经济平均增长率在10%左右。其国际贸易在国民生产总值中的比重在1986年已为42%，到1996年已达85%。这种严重依赖国际市场的经济结构，使泰国经济极易受到国际市场的冲击，而该国的固定汇率制度又使这种冲击得不到任何缓冲。于是，在美国经济长期稳定发展带来美元坚挺的形势下，泰铢汇率高估，使其出口下降，1995年泰国的出口增长率为22.5%，而1996年即降为3%。经常项目出现了巨额赤字，1994年为80亿美元，1995年增至135亿美元，1996年达到162亿美元，已达到GNP的8.5%，超过了国际公认的占GNP 5%的警戒线。

为弥补经常项目赤字，泰国于1992年开始着手放宽对外国资本进出的限制。中国香港1997年回归，又助长了曼谷一举取代香港成为国际金融中心地位的野心，更使其金融自由化政策失去了应有的谨慎和控制。1996年外国资本净流入为180亿美元，到1997年5月外债总额已达900亿美元，占GNP的49%左右。这些外国资本主要为短期资本，大部分流向利润高的证券业和房地产业等虚拟经济领域，加速了出口产业的下滑，加大了房地产业和证券业等"泡沫经济"的过快发展。

由于整个经济中泡沫成分的恶性膨胀，进入1996年之后，泰国出口下降，经济增长下滑，房地产业陷入困境，引发金融业的连锁反应。1997年5月，泰国政府公布了前几个月出口形势不佳之后，引致投机浪潮。泰国央行动用近40亿美元的外汇储备，才使泰铢基本稳定，但终因出口乏力、外汇储备缺乏和经济疲惫，于7月2日宣布放弃钉住汇率制度，从而诱发了东南亚金融风暴。尽管IMF与亚太一些国家和地区已承诺向泰国提供 167 亿美元贷款，但并未能阻止危机的蔓延。在金融工具电子化、国际化的今天，金融运作有了极强的传导性、扩散性和投机性。至 10 月 1 日，泰铢已比 7 月 1 日下落了 32.6%，菲律宾比索、印度尼西亚盾、马来西亚林吉特也有 25.1% ～ 27.8% 的跌幅。同时，东南亚各国的股市也出现大幅下挫，甚至波及拉美国家。在 7 月 18 日前的一周内，巴西、秘鲁、阿根廷股市分别下降了 14.99%、6.47%、5.70%。

这场金融风暴也在东北亚地区发生连锁反应，韩国"泡沫经济"破灭，货币大幅贬值，金融业处于崩溃边缘；日本还未爬出"泡沫经济"的深渊，便又尝苦果，日元比价下落至 140 日元兑 1 美元，经济恢复遥遥无期；俄罗斯改革尚待深入，也受到了货币贬值压力。目前，危机的影响还在继续扩散，成为整个世界经济肢体中最大的肿瘤。

二、亚洲金融危机的功过分析

国内外学者认为，此次金融危机是 20 世纪中仅次于 1929 年金融危机的金融风暴，其负面影响是巨大和深远的，从作为发达国家之一的日本，到成为新兴工业国代表的韩国、新加坡，以及近年来势头迅猛的泰国、印度尼西亚、菲律宾、马来西亚，都不能幸免。事实上，这宣告了东亚经济增长"奇迹"的终结。风暴所过之处，货币狂泄、利率拉高，股市下落，银行挤兑，各国金融企业纷纷倒闭，经济处于崩溃边缘。各国为应付危机也付出了沉重的代价，泰国仅在 5 月就耗去了 40 亿美元的外汇储备；马来西亚在危机中也损失了 2000 亿林吉特，相当于五年财政预算之和；韩国外汇储备急剧下降，甚至通过全民捐献金银首饰来为政府解忧。更为重要的是，此次危机打击了投资者的信心，外资纷纷撤走，世界银行贷款杯水车薪，使危机各国陷入资金不足、发展乏力的困境。

摆在我们面前的任务，不仅是要通力合作有力地扼制和尽早摆脱此次危机，更要从中吸取深刻的教训。这也正是此次金融危机的积极意义所在。它在破坏的同时也是对各国不合理的政府行为和经济结构的强制性纠正，及时阻止了其延续和发展，并对整个世界有重大的借鉴意义。

1. 金融危机昭示了泡沫经济恶性膨胀的恶果

如前所述，日本、韩国及东南亚各国都存在着经济结构上的严重失衡，都是在第三次产业特别是房地产业、金融业无节制地恶性膨胀而最终归于破灭的背景下诱发了金融危机。因此，此次危机充分说明了无论一国经济发展取得怎样的成功、经济水平处于哪一阶段，其虚拟经济的恶性膨胀都必将带来严重后果。

日本早在 20 世纪 70 年代中期，就已出现虚拟经济膨胀的现象。但日本政府受传统产业结构理论的影响，相信第三次产业的大发展是大势所趋，因而不仅没有保持足够的警惕，而且极力推动土地开发和金融膨胀，多次降低利率刺激投机活动，终于酿成 90 年代初期泡沫经济崩溃之后国民经济积重难返、迟迟不能走向复苏的局面，并将这种影响传播向国际社会。最终回过头来，日本也尝到了来自东南亚金融风暴的苦果。

韩国也存在着虚拟经济过度发展的情况。在取得了较长时期的经济发展之后，大量资金不再投向基础产业和制造业等工业部门，而是转向可以暴富的房地产业和证券业。1994 年亚洲股市一直波动不定，而且在美国利率上升时市价下滑幅度一度达到 20% 以上，而只有韩国股市持续上扬，增幅高达 20%。

泰国等东南亚国家也存在着同样的问题。近年来，泰国国内外投入房地产的资金总额已高达 2300 亿美元，不仅造成了房地产价格的泡沫化，而且也出现了供过于求的局面。目前，有 50% 左右的楼宇空置，大部分金融机构都无法偿还国外贷款，成为呆账、死账的外资估计已有 200 亿美元左右。在印度尼西亚、菲律宾、马来西亚等国也存在着类似的问题。

由此可见，泡沫经济的恶性膨胀并不意味着国民经济有了真正意义上的增长，相反却是经济结构严重失衡的表现，是经济危机、金融危机的温床。

2. 金融危机揭示了政府行为急功近利的危害

此次金融风暴所袭击的各个国家，无一不是在政府大力推动下实现其经济快速增长的。诚然，发展中国家和后进国家为启动经济腾飞、加速经济建设，采取政府主导方式有其成功的一面，但如果不顾客观条件、不尊重市场规律，采取拔苗助长和随心所欲的政策，则会事与愿违。实践证明，近些年来各国政府不合实际的发展欲望、不健全的管理体制，都构成了触发此次金融危机的直接原因。

首先，强行推进不合实际的发展构想，是上述各国的通病。例如，日本在 20 世纪 70 年代高速增长时期结束之后，仍然幻想着第二次飞跃，推出了"列岛改造论"，引发了土地和股票价格的飞扬。80 年代中期之后，借日元升值之机，日本政府推出高速增长时期惯用的超低利率政策，结果并未带来物质生产部门的大发展，反而刺激了"泡沫经济"的恶性膨胀，最终以泡沫破灭、经济陷入长期萧条告终。韩国在国际市场竞争激化、贸易保护主义抬头的情况下，为继续推行其出口导向型战略，在开放资本市场上表现出了过分的自信。1994 年以来，韩国政府为尽快加入经济合作与发展组织（OECD）实施了一系列开放资本市场的措施，使大量游资流入韩国证券业。尽管 1994 年底爆发了墨西哥金融危机，但韩国政府对其经济实力过于乐观，纵容了"泡沫经济"在外资支持下的膨胀。泰国的情形如前所述，由于急于提前发展第三次产业特别是虚拟经济，急于开放资本市场以取代香港成为亚洲乃至世界金融中心，尽管国际货币基金组织早已对泰国发出危机警告，但沉迷于"东亚奇迹"的泰国政府对此置若罔闻。这些做法最终都直接加速了危机的到来。

其次，银行制度的不健全也是危机各国的共同特征。在银行的运作过程中，上述各国普遍存在着日本式的"超贷"现象。由于政府的政策干预，银行将巨额贷款投到效益较差的产业部门，而承担了无法收回资金的巨大风险。这种体制在经济发展势头较为稳定的阶段固然有一定的成立条件和积极意义，但在整个经济已为"泡沫经济"所主导的时期，就必然会加速金融系统的崩溃。同时，政府和银行之间的勾结也使金融政策失去了科学性。例如，韩国金融体制一直受到政府的严格控制，所有银行的行长和高级经理均由政府任命，银行贷款往往由政府官员和大企业幕后操纵，银行无法审查其金融风险。在泰国，许多执政党和在野党领袖都与金融公司和银行有着个人利益关系，因此才导致其无视警告信号，推迟改革进程。而当泰铢遭到冲击之时，他们动用几十亿美元挽救泰铢，非但没有阻止事态恶化，反而增大了最终付出的代价。

最后，这些东南亚国家力求维系其力所不及的汇率政策，也是造成此次金融风暴的重要因素。这些国家长期以来一直采取了钉住汇率制度，而近年来随着美元转弱为强，各国货币也随之升值，使这些货币明显高估，形成了货币贬值的空间。而事实上，这种货币高估已给东南亚各国经济发展特别是出口产业的增长带来了较大阻力，但这些国家仍然不思改革，致力于维系固定汇率制度以保持其"东亚奇迹"的桂冠。

由此可见，人类社会目前仍然处于工业中心社会阶段，社会经济的主要原理和机制仍然是以工业部门为中心的。政府行为虽然可以在一定程度上改变社会经济发展的进程，但不能违背客观规律。一旦脱离了变化了的实际情况，背离了市场机制的原理，其必将成为政治利益和主观意志的附庸，其成功只能依赖极其有限的偶然条件，而其失败则是必然结果。

3. 金融危机反映了出口导向型战略的局限性

此次金融危机，同时也反映出从日本、韩国到东南亚诸国所采取的出口导向型经济发展战略的两面性。一方面，它是发展中国家迅速推进工业化的一条有效途径。另一方面，它的成功需要许多客观条件相辅相成，如生产成本优势等。通常，后进国家或发展中国家在生产技术上并无优势可言，因而其相对优势大多来自劳动力价格的低廉。但随着经济发展，劳动力价格必然上升，而此时如果不能及时通过技术提高来降低成本，就必将面临出口产业的危机。同时，由于发展中国家普遍采用这种战略，过度依赖进出口，就使这些国家经济基本上受制于国际市场。而且，这些国家出口产品结构基本雷同，失去劳动力优势的国家很快就会受到后起者的挑战。可见，出口导向型战略自身也存在着弱点和必须加以及时调整的一面。

日本在其"加工贸易立国"战略遭到欧美保护主义的强烈抵制和发展中国家出口产业的有力竞争的情况下，不得不转向扩大内需。而在扩大内需中又忽视了新产业技术的开发，将巨额过剩资本投入房地产业、证券业等虚拟经济部门，结果在泡沫经济破灭之后一蹶不振。

韩国利用 80 年代日本对外转移资本、技术之机，大力发展了出口导向型经济。其对外依存度达 40%，使其难以在国际市场发生变化时保持国内经济稳定。1995 年韩国出口增长率高达 30.3%，但 1996 年却因全球需求不振而骤降至 3.8%，经常项目赤字也从 1995 年的 100 亿美元左右激增至 237 亿美元。因此，韩国为扩大出口，积极推进资本市场的开放，以作为交换。正是这一操之过急的政府行为，才使韩国重蹈了墨西哥的覆辙。

东南亚各国的情形则更加严峻，在劳动力成本提高、经常项目收支压力增大之后，由于这些国家并未实行浮动汇率制度，致使无法自动调节其失衡状态。在上述情况下，如果不能及时发展生产技术、推动产业升级，就必将导致出口产业的萎缩。而如果再急功近利地发展房地产业、金融业等虚拟经济部门，则必然削弱其立国之本，引发金融危机。

由此可见，出口导向型发展战略的成功有其客观条件，其中生产技术的提高至关重要。任何只依靠劳动力优势的出口增长，都只能是暂时的。

目前，东北亚经济已身处危机之中，日本、韩国、俄罗斯已深受其害，中国也面临货币贬值的巨大压力。同时，美国经济保持着稳定增长的势头，欧盟也将通过统一货币制度等一体化措施而强化其作为一个经济集团的增长潜力。对此，我们应该积极应对，吸取亚洲金融危机的教训，调整经济结构，控制虚拟经济的膨胀，强化金融管理，以免重蹈覆辙。

如前所述，亚洲金融危机是坏事也是好事，它无情地阻止了泡沫经济的膨胀和蔓延，也留下了许多深刻的教训。从短期来看，金融风暴所过之处危害甚大；但从长期来看，金融危机所进行的强制性调整，有利于这些国家经济重返健康、稳定发展的轨道。有了此次洗礼，亚洲国家经济将更加坚定地依赖于物质生产部门的发展，各国政府在改革中将更加清醒地遵循市场经济规律，真正关注科学教育和产业技术的发展。

同时要认清，当前仍然处于工业中心社会，即工业部门仍然是国民经济的核心部门，是经济增长的动力源。而服务部门，特别是虚拟经济部门，都是伴随着工业部门增长而增长的，它们的超前发达、恶性膨胀虽然一时会表现为虚假繁荣，但最终都将造成经济结构的严重失衡，诱发"泡沫经济"和金融危机。日本、韩国和东南亚金融危机各国，都给我们提供了这方面的典型范例。

第七章　发展的思考

产业结构与经济增长的关系，是人类探索经济活动规律的重要领域之一，也是人类经济发展过程中特征最突出、最引人瞩目的范畴。正因如此，关于产业结构与经济增长关系的讨论才如此重要，关于二者关系的不同理解会影响决策者的思维方式，从而改变一个经济的命运。我们不无遗憾地看到，由于对以克拉克法则为代表的"后工业社会"理论范式的盲目推崇，美国、日本、整个亚洲乃至全世界都深受过度"服务化"的袭扰。即使在当前，我们仍然没有走出美国虚拟经济"高度发达"酿成的"次贷危机"在 2008 年造成的长达近十年的世界金融危机。残酷的经济实践，无情地展现了克拉克法则的局限性，也提醒我们今后的道路应该重新思考，重新选择。

第一节　时代的力量

每个理论，都是特定历史条件下的产物。应运而生者，也必因时而易。实践是检验真理的标准，随着时代的推移，实践必然出现已有真理不能解释的现象，必然出现已有真理不能解决的难题。我们尊重前人的成就，但不能墨守成规。只有跟上时代的步伐，才能反思传统理论的局限性，构建新的理论以指导实践。

一、时代与理论

克拉克法则的问世，是 20 世纪 40 年代经济学的一个重大成就。这个时代，人们关注到了结构问题。在克拉克之前，费歇尔等对产业结构的划分进行了卓有成效的工作，并完成了关于产业结构划分的基本标准，形成了受到普遍认可的理论范式。在此基础上，经济发展也使人们从结构与经济增长之间看到了某种相关性。所谓"克拉克法则"，就是在此基础上总结而生的。

就他的那个时代而言，克拉克的研究不能不谓严谨。首先，他对产业结构与经济增长关系的总结，吸纳了当时经济学界关于产业分类的最新成果，开拓了分析经济增长过程与质量的重要领域。其次，克拉克对长期经济增长采用了数量分析的方式，通过对 20 世纪 50 年代之前上溯到 19 世纪中叶的经济增长过程中劳动力在不同产业之间分布趋势的分析，得到了当时人们从未意识到的结论。最后，克拉克的研究以多国比较为基础，使人们清楚地看到越是人均收入较高的国家，作为经济增长的结果，其劳动力的产业结构就越是倾向于第三产业。在这一番研究之后，克拉克俨然以规律面目出现，引来一批权威学者的追随。

克拉克的追随者将克拉克法则推到了理论的巅峰。库兹涅茨弥补了克拉克法则在理论前提下的不足，提出了以"经济增长"为前提。但他的经济增长是在长期的、而非短期的，在不存在人均产品的明显减少即人均产品一定或增加的情况下产生的人口的持续增加。在现实中，库兹涅茨的经济增长几乎等同于时间序列。这进一步增加了克拉克法则的真理色彩。后来者钱纳里、提出"后工业社会"理论的贝尔，依据延长到 20 世纪 70 年代的数据，一次又一次印证了克拉克法则的正确。然而，这一理论，仍然不可避免地隐含着时代局限性的制约。

首先，在历史时期的把握上，克拉克理论的提出是第二次工业革命前期，而他把握的数据恰是第一次工业革命后半期——工业部门在经济活动中作用下降导致服务业比重上升的时期。库兹涅茨的证实，大多数把时间的终期放在 20 世纪 50 年代初，恰好是第三次工业革命在美国刚刚起步、在其他国家还没有启动的时期，这使得他的分析仍然没有发现工业部门对经济增长的决定性意义，而延续了克拉克的认识。而钱纳里、贝尔等人的依据则是以 20 世纪 70 年代为终期的，这恰恰是第三次产业革命的后期，再次抓到了工业部门衰退而服务部门比重被抬高的现象。综上所述，克拉克及其追随者，都恰好把关注点放在了工业部门处于衰退阶段的产业革命后期，当然得出的结论不可避免地认为，服务业比重提高是发展的必然趋势。

其次，在研究方法的运用上，克拉克、库兹涅茨、钱纳里、贝尔等人无一不是采取了终期与始期的比较。这种比较简洁明快，但是忽略了经济增长过程中的那段宝贵的时间段——工业革命推进工业部门发展，带动经济快速增长的时间段。而事实上，经济增长是一个过程，作为一个时点的经济现象不过是这一过程的一个点，放弃整个过程研究而只看两个点，这种研究方式不能不说是对经济活动机制的漠视。

最后，时代的发展同样提示给世人新的现象，以供对传统理论提出怀疑和否定。20 世纪 70 年代之后，服务业过度发达的国家，虽然身为发达国家，但其经济增长无一不陷入慢性萧条之中。特别是日本进入低速增长之后，服务经济片面发展，导致虚拟经济过度膨胀，最终"泡沫经济"破灭，经济陷入长期萧条。此后，美国经济在 IT 繁荣之后也陷入虚拟经济恶性膨胀之中，最终诱发"次贷危机"，带来世界经济的长期萧条。关于其中机理，我们在前文已经加以论述，在此不再赘述。对此，相信克拉克们如果活在当下，应该有所反思，重新建立其分析框架。

总之，我们要强调的是，所有理论都是有历史局限性的，而这个历史局限性则恰恰是由历史来揭示、来提醒的。如果一个理论被视为绝对真理，那么它就不再是人对社会活动的解释，而变成了神对世界的宣判，变成了绝对意义上的宗教。克拉克法则如此，其他理论也不例外。有了实践对其结论的反证，我们才会探究其理论前提、分析方法的弊病。而无视时代的进步，墨守成规，只能落后于时代。

二、时代的课题

时代已经进步，历史为我们提出了新的课题。在新产业革命拉开序幕的今天，如何在坚持工业部门拉动经济增长的主导思路之下，破解环境资源制约、传统产业衰退、人口总量过剩而劳动力不足等问题，是我们当前及未来必须完成的使命。

第一，对环境资源约束的破解。长期以来，人类的经济发展一直是以环境和资源为代价的。而对于资源枯竭、环境恶化，一直有声音号召我们向西方人那样推进产业结构转型——转向服务业主导的经济，这样就可以避免工业对环境的破坏和对资源的掠取。但是，正如我们已经论述到的，工业部门才是经济增长的主导者，转向服务业主导的经济必然造成经济增长动力的衰竭。诚然，在开放经济高度发达的今天，一国内部的某个区域或者一个处于紧密国际经济关系中的经济体，是可以通过与其他经济体共同结成一个大的经济体系，依赖其他经济体的工业部门来带动其服务经济发展的。但是，这种经济增长具有从动性，不能靠自身力量主导经济增长；同时，这种经济也缺乏物质基础，无法抵御经济危机的冲击。即使是掌控全世界金融命脉、握有世界通用货币的美国，也不能克服长期服务化带来的弊病，最终导致虚拟经济恶性膨胀，造成了世界性经济危机。因此，发展服务经济，不是社会发展的方向，更不是追求经济增长的选择。那么，如何实现经济增长和环境保护、资源再生的共赢呢？其实很简单。以产业技术革命改造传统工业部门生产过程中破坏环境的技术、消耗不可再生资源的技术，使之从环境破坏变成环境友好，从耗竭资源变成节省资源甚至再生资源，就能够破解这个问题。认识到工业部门的发展带来的环境资源等问题，是产业技术造成的，而不是工业部门自身固有的属性，就不难发现前文所提及的两难问题其实是非常肤浅可笑的。

第二，传统产业出路的破解。由于产业技术基本定型，随着人力成本的提高，传统产业往往面临着生存困难的境地。对此，许多企业选择了转移到人力成本较低的区位。从产业层面来看，这一过程被日本经济学家赤松要描述为"雁阵模式"。但是，在当前的历史时期，"雁阵模式"也出现了难以实现的境况。其一，一些传统产业诸如钢铁、煤炭、石油化工等，严重依赖资源，转移到没有资源的其他区位，则资源获取成本增加，在一定程度上阻碍了产业转移。其二，即便现代交通运输手段降低了资源获取成本，传统产业对环境的破坏也使得产业转移接受国或地区不愿接受这种转移。特别是在环境保护的理念已经深入人心的今天，破坏环境的传统产业如不对其技术进行彻底革命，恐怕无处可去。其三，新产业革命方兴未艾，新材料、新能源等技术创新正在日新月异地快速推进，传统产业处于可能被新产业体系彻底排除淘汰的境地。在不明确传统产业是否可以继续生存的前提下，产业转移只能被搁置。因此，不难发现，"雁阵模式"只适用于两次产业革命之间的大周期中期，产业技术相对成熟稳定而受人力成本压力可以采取产业区位转换的情形，并不适用于产业革命正在兴起的大周期末期和初期。当前的传统产业出路，不外乎两条：一条道路是产业技术创新，采用环境友好的新技术，脱胎换骨，成为新产业体系中的一员；另一条道路则是为新材料、新能源等技术革命带来的新产业替代，传统产业本身彻底退出历史舞台。而这两条道路无论如何都必须以产业技术革命为前提。至于通过产业机器人的投入，替代人工以降低成本的办法，虽然解决了人力成本的问题，但并不能解决环境破坏问题，甚至因其效率提高反而会加剧环境破坏，所以只能苟延残喘，不能改变其最终必须进行产业技术革命的宿命。

第三，人口红利消失的破解。众所周知，中国的经济增长过程中，人口红利发挥了重要的作用。正因如此，当人口老龄化日趋严重、劳动人口比例日益减少之际，一些学者便提出了悲观论调。对此，我们应该客观辩证地分析。劳动力价格和数量的约束，只是在第二次工业革命后形成的重化工业产业体系中有着重要的影响。无论是在纺织制鞋等轻工业、建筑业等产业部门，还是在钢铁、煤炭、化工等传统重化工业，对劳动力数量和技能的依赖都是不可避免的。但是，如果我们放眼看到未来产业的发展,则大可不必为劳动力不足担忧。这是因为,通常而言,随着产业技术的进步,机械替代人工的部分会越来越多,人力的投入会大幅度减少,工业、农业等实体经济的长期趋势是排出劳动力,而非吸纳劳动力。特别是,在当前的新产业革命中,产业机器人成为产业革命的重点领域,不仅相关技术不断成熟,而且人力成本的提高也使得企业更乐于采用产业机器人。从前要成千上万工人的加工厂,会在短期内进化为无人工厂,仅需要几名程序操作人员、机械维护人员即可。与此同时,不仅实体经济在实现自动化,服务部门也在推进无人化的自动经营模式,最新出现的无人超市就是其典型代表。如此看来,对人口红利消失的忧虑,实际上只是站在传统产业思维方式上的杞人忧天。当前我们更应该担心的,是由于产业高度自动化、无人化的推进,带来的收入分配问题。即实体经济创造出来的财富,由于参与实体经济生产过程的人员过少,使得他们获取的报酬再分配到服务部门的部分也非常有限,无法满足大批失业人群涌进服务部门而需要更多消费的需要。为此,不难想象,制度的变革也是势在必行的。

第二节 产业的方向

经济活动总是以物质生产为基础,依照市场内在机制运行的。服务经济是物质生产部门的附属品、寄生品、衍生品,也是不可否认的。实践证明,奉行错误的产业结构政策,只能在似是而非的摸索中遭到现实强烈的挑战和批判。关于经济增长与产业结构关系的克拉克法则,是其典型代表。多次惨痛的经济虚拟化、泡沫化的发展教训,不仅促使人们对理论进行反思,也迫使经济活动回到发展实体经济的轨道上来。而历史走到今天,正因为"次贷危机"在本质上是对整个物质生产部门发展停滞的反映,所以,经济活动要回到以物质生产部门为核心就只有对传统重化工业产业体系进行清算。而这种清算，就是通过新产业革命来构建新的产业体系。

一、产业革命的内在机理

美国"次贷危机"以后，世界各国普遍认识到服务经济过度发展的危害性和实体经济的重要意义。为积极应对金融危机，主要国家纷纷确立了各自的产业发展战略。在严重的金融危机之下，新一轮产业革命已经拉开了序幕，并呈现了快速发展的势头。

2008年美国"次贷危机"的爆发，从表面上看是虚拟经济过度发展导致金融泡沫破灭的结果，但事实上这是世界产业技术长期停滞所致。由于产业技术的长期停滞，使得发达国家实体经济缺乏活力，而面临人力成本提高、资源日益枯竭、市场相对萎缩、利润逐步减低、产业公害频发、环境破坏加剧等种种压力，不得不将大量产业转移到成本较低的发展中国家，而通过服务业的畸形发展来带动国内经济增长，进而催生服务经济向虚拟经济发展，并最终因虚拟经济过度发展而酿成危机。因此，可以说，当前的新产业革命是因第二次工业革命后形成的产业体系技术进步长期停滞而产生。因而，这一次新的产业革命也必将是针对第二次产业革命形成的产业技术体系的根本性变革。这一点，从危机爆发之后导致以美国 GM 破产为代表的汽车、钢铁、煤炭、石化等传统产业衰退即可略见一斑。

新产业革命不会是一场简单的、个别产业技术变革的过程，而是针对现有产业技术体系的全面性变革。这次技术革命不仅要解决产业发展活力匮乏的问题，更要清算迄今为止产业技术忽视环境资源的根本弊病，重新建立以可持续发展为目标的产业技术体系。

在此，产业技术体系是指在工业生产部门各个产业领域所使用的各种产业技术，因其生产过程中的必然联系而构成的统一的有机整体。这些产业技术因其在工业部门生产过程中的影响范围和程度的不同而分为源技术、主干技术、旁支技术三个层次。源技术，是指整个工业部门最核心的、最具影响力的技术，它决定了整个工业部门产业技术体系的性质和本质特征，决定了工业部门内部其他产业部门核心技术的产生、变革、地位和作用。主干技术，是指在源技术之下，直接与源技术相配套的工业部门内部各产业技术。它的影响力无论在深度上还是在广度上都不及源技术，而只是对一个或几个工业部门有重大作用。而旁支技术，是指在工业部门各个产业内部的具体生产过程中使用的技术，是为产业技术体系中的主干技术服务的。

产业技术体系变革，是指由于人类认知自然能力的提高、科学研究的进步而引致新的源技术产生，并在新的源技术影响下，主干技术、旁支技术不断出现，逐步构成一个新的较为完整的产业技术体系的过程。①

人类经济社会面临的生存危机，在本质上是产业技术体系性质造成的，是迄今为止历次产业技术革命都在产业技术开发与应用上忽视了人与自然的关系，从而导致产业技术体系各层次的产业技术都消耗不可再生资源、排放污染环境的废弃物造成的。这只要简单回顾一下三次工业革命即可。18 世纪 60 年代，以蒸汽机为代表的第一次工业革命标志着人类社会从农业中心社会向工业中心社会迈进的质变。蒸汽机的问世，带动了煤炭、冶金、机械制造、交通运输等行业的快速发展，也拉开了人类对自然能源和材料快速开发和利用的序幕。19 世纪末 20 世纪初，以电力技术和内燃机为主要特征的第二次工业革命，不仅加速了人类对不可再生自然资源掠取的速度，而且工业污染对地球环境的破坏也开始显现。在第二次工业革命中，不仅钢铁、煤炭、机械加工等部门获得了巨大发展，而且出现了石油、电气、化工、汽车等新兴工业部门，工业动力转而主要由化石能源来提供。这种以耗散方式消耗在短期内不可能循环的能源消费，向大气和环境中排放出各种废气；各种物理和化学的生产过程都要用清洁的水作为冷却剂或有毒有害物质的排放载体，使得清洁的水资源日益减少；大量矿山的

---

① 赵儒煜，杨振凯. 从破坏到共生——东北产业技术体系变革道路研究［M］. 长春：吉林大学出版社，2005：79－85.

开采使得植被锐减；人口的膨胀使得城市规模扩大，工厂和住宅不断侵吞有限的可耕地。第二次世界大战结束后，以微电子、新材料、新能源、生物工程、航天技术、海洋技术等为代表的第三次工业革命不仅没有改变人类大工业生产消耗不可再生资源、污染环境的本质，相反却成为第二次工业革命建立起来的重化工业技术体系的帮凶，使这种掠取和消耗不可再生自然资源、破坏环境的产业技术体系更加精密、更加先进。

总之，三次工业革命都因产业技术体系中的源技术发生重大变革，推动产业技术体系中各层次的产业技术逐步改变，最终导致整个产业技术体系发生变革。虽然，以往三次工业革命都实现了人类生产力的提高，但人类生产消耗不可再生资源、破坏环境的性质没有得到改变，相反却使这种速度加快。因此，要实现可持续发展，还须变革当前的产业技术体系。

二、产业革命的政策视角

从世界主要经济体的产业革命政策来看，目前人们对新产业革命的认识仍然相对狭窄，从各个主要经济体的产业革命政策来看，主要目标放在了利用智能技术的传统产业改良上。2009 年 4 月，美国总统奥巴马宣称要"重振制造业"。随后，美国政府相继发表《美国创新战略：促进可持续增长和提供优良工作机会》《2010 制造业促进法案》《美国创新战略：保护我们的经济增长和繁荣》，倡导发展先进制造业、生物技术、清洁能源等重点领域，并推进实施先进制造伙伴关系计划、先进制造业国家战略计划、国家纳米计划、国家制造业创新网络等发展计划。2012 年初，德国提出了"工业 4.0"计划，重点推进制造业的智能制造，由此带动了整个欧洲信息技术、可再生能源、新材料、生物产业等领域的创新发展。日本自 20 世纪 90 年代初"泡沫经济"崩溃后，较早地尝试了 IT 技术与产业技术的融合发展。但在整个经济流动性陷阱的压力之下，日本企业的智能生产尝试对整个经济增长的作用并不显著。2008 年金融危机爆发之后，日本政府于 2010

年 6 月发布了《2010 年日本产业结构展望》，将新材料技术等十大尖端技术产业确定为未来产业发展主要战略领域。2016 年 4 月，日本经济产业省发布"新产业结构蓝图"中期整理方案，追求以人工智能和机器人等最新技术促进经济增长。

相比之下，中国的产业革命战略起步早而且思路清晰，并提出了构建新产业体系的设想。金融危机爆发之后，中国政府敏锐地认识到金融危机催生产业革命已是大势所趋。2006 年 3 月，中国科学院发布了《中国科学院中长期发展规划纲要》，预测新科技革命将在信息科技、生命科学和生物技术、物质科学、材料科技、资源环境科技、能源科技、空间和海洋科技、数学八大领域重点展开。此后，中央政府相继颁布关于推动新产业革命的相关文件，其中具有全局性指导意义的有《关于促进自主创新成果产业化若干政策的通知》（2008 年 12月）、《关于加快培育和发展战略性新兴产业的决定》（2010 年 10月）、《关于进一步支持企业技术创新的通知》（2011 年 11 月）、《工业转型升级规划（2011～2015 年）》（2011 年 12 月）、《"十二五"国家战略性新兴产业发展规划》（2012 年 7 月）、《"十二五"国家自主创新能力建设规划》（2013 年 1 月），还有针对新能源汽车、光伏产业、生物产业等特定产业的指导意见。

特别是 2015 年 5 月，国务院提出"中国制造 2025"构想，强调重点发展新一代信息技术、高档数控机床和机器人、航空航天装备、海洋工程装备及高技术船舶、先进轨道交通装备、节能与新能源汽车、电力装备、农业机械装备、新材料、生物医药及高性能医疗器材十大领域。这一文件明确了当前中国产业革命的重点领域和核心任务，成为中国政府推进新产业革命的纲领性指导文件。而《关于加快构建大众创业万众创新支撑平台的指导意见》（2015 年 9 月）的出台，则标志着中国政府已经将创新主体的视角从企业扩大到全社会。

2015 年 12 月，中国政府进一步提出"供给侧结构性改革"的发展思路。从提高供给质量出发，用改革的办法推进结构调整，矫正要素配置扭曲，扩大有效供给，提高供给结构对需求变化的适应性和灵活性，提高全要素生产率，更好满足广大人民群众的需要，促进经济社会持续健康发展。强调通过去产能、去库存、去杠杆、降成本、补短板之五大重点任务来解决当前产业发展困境，实现向新产业革命的过渡。

综上所述，在世界主要经济体中，只有中国提出了构建新产业体系的设想。当然，其他经济体现在也都没有完整的产业体系。

三、产业体系的未来趋势

新产业革命要实现对原有产业技术体系的根本性变革，必须首先从第二次工业革命的源技术入手，然后根据现实社会经济发展的需要进一步创造新的源技术，从而形成新产业技术体系，实现新产业体系的构建。

第一，新产业革命首先要适应社会整体的可持续发展要求，改变传统产业技术体系破坏环境、耗竭资源的不可持续发展特征。当前的产业技术体系还属于重化工业技术体系。重化工业技术体系中的源技术——石油和内燃机具有消耗不可再生资源、破坏环境的性质，从而带动了汽车、钢铁、化工、冶金以及机械加工等主干技术和旁支技术也具有同样的性质。因此，改变人类生产不可持续的本质必须从根本上针对重化工业技术体系的源技术——石油和内燃机进行革命。因此，新能源、电动车将是新产业革命的源技术之一，并由此带动新材料产业发展，改变现有的化工产业结构。

第二，新产业革命要适应社会需求个性化、多样化的发展需要，改变传统生产体系大批量生产的特征。为此，需要以智能制造为源技术，借助网络技术的成熟与快速发展。一方面，大力发展柔性生产体系，以智能机械实现一个生产平台的多样化生产过程；另一方面，通过互联网、物联网等新业态发展，构建C2C、C2P等信息平台，及时充分地把握市场信息，生产客户定制甚至参与设计、制作、销售的小批量、个性化产品。这一过程，大多数状态下并不改变产业的主干技术，只是生产平台、销售平台、管理平台的智能化改变。

第三，新产业革命要应对老龄化社会的需要，改变传统生产体系的人力资本的约束。为此，无论实体经济还是服务经济，都可以智能技术为源技术，发展产业机器人以替代人力，节约成本，提高效率。当然，工业机械产业的智能化生产更为重要和紧迫。而作为传统人力依赖最大产业的农业，其对农业机械的需求也极其迫切。

第四，新产业革命要适应人们对身心健康、生活舒适的需求。为此，以生物技术为源技术的医药产业、看护产业等大健康产业，以智能技术为源技术的智慧城市建设、大文化产业，也是未来产业革命发展的核心领域之一，由此，改变人们生活的基本模式，改变人们医疗保健消费的基本模式。

因此，新产业革命是为满足人们实现可持续发展的整体需要和个性化、多样化、便捷化的个体需要而产生的，它一方面对不可持续的重化工业产业体系的技术体系进行根本性的革命，另一方面通过智能技术、生物技术等新技术的产业化，补充、完善当前的产业技术体系。